事業承継・相続で困らない

自社株対策超入門

〔監修〕伊藤俊一
〔編集協力〕中小企業の事業承継を支援する士業の会
〔著〕エッサム

JN035471

あさ出版

まえがき

中小企業の事業承継、その自社株対策の基本は自社株を無闇に分散させないことですが、その対策とともに、次の視点に留意すべきです。

❶相続・贈与で親族内の後継者に事業を引き継いでもらうとき→自社株の評価を引き下げる方策を検討する

❷M＆Aの実行、親族外の誰かに事業を引き継いでもらうことなど事業の譲渡を想定するとき→自社株の評価を高めにできる方策を検討する

ただし実際には、節税の観点などを踏まえると、それほど簡単なことではありません。なぜならば、まず中小企業の社長の多くが自社株の評価について詳しいわけではないからです。それに、そもそも企業に「株券」の発行義務はないので、「自社株と言われても、これまで見たことがない……。いったい、ウチの自社株はどういう状態になっているの？」とあらためて考え込んでしまう社長も多いはずです。

さらに、前述のように大別できると言っても、そこには複雑なメリット・デメリットがあります。

例えば、社長の子息が事業を引き継ぐ場合、自社株の評価額を引き下げる方策を使ったとしても、税務上認められなければ税負担がよけいにかかります。さらに、中小企業であっても組織のあり方を変革すれば、当然ながらそのコストや労力、経営上の負担もかかります。

一方、M＆Aを活用して自社を第三者に引き継いでもらう場合でも、M＆Aの実施にあたっては事業価値を正しく評価するために、売り手企業には買い手企業のデューデリジェンス（Due Diligence：相手企業の価値やリスクなどを調査すること）を受ける負担が発生します。また、M＆A後は買い手側にPMI（Post Merger Integration：買収後の業務に関する統合作業）があり、そこで問題が発生すると、売り手側が損害賠償の責めを負うことにもなりかねません。

まさに事業承継にともなう自社株の問題は〝言うは易し行うは難し〟なのです。

本書は、そうした事業承継にともなう自社株の実情に沿い、必要となる知識や想定される問題、解決策とその留意点などについて、〝自社株初心者〟にもわかりやすくまとめた自社株対策の超入門書です。

対策のメリットとデメリットは背中合わせの関係にあります。メリットがあると思って取り組んだことでかえって負担が増したり、デメリットが大きいと見過ごしていたことが対策をとってみると意外に後継者の事業活動をスムーズにしたり、さらには、ある人にとってメリットのあることが別の社長にはデメリットであったりするものです。

もし、あなたが事業承継を考えているのなら、身近な顧問税理士をはじめ専門家の方々と、本書を参考に、どのような自社株対策が適切なのか話し合って進めてみてください。

中小企業であっても、社員がいればその家族がいて、取引企業や銀行、また事業上のパートナーとなる人など多くの関係者がいます。事業承継はそれらの関係者に対しても、少なからず影響を与えることです。日々の業務に勤《いそ》しみながら事業の将来を考えることは大変ですが、早めの決断・対応が大事です。めんどうだからと後回しにせず、ひと踏ん張りして事業承継の荒波を乗り切っていきましょう。

2021年6月

中小企業の事業承継を支援する士業の会

事業承継・相続で困らない自社株対策超入門　もくじ

第2章

事業承継対策の前に知っておくべき自社株のキホン

第3章

事業承継で損をしないための自社株対策のポイント

第4章

後継者の経営権を守る事業承継対策のポイント

第5章

事業承継に関係する 相続税、贈与税の基礎知識

※本書の内容は2021年5月末の法令に基づいて記載しております。あらかじめご了承ください。

第１章

事業承継がうまくいかないのは自社株を理解していないから

1

親族内、親族外、M&A 事業承継の3つのカタチ

事業承継とは、これまで経営者が行ってきた事業を次の代に継いでもらうこと。一般的には現社長が自分の子に事業を継がせることが多いのですが、その方法にはいくつかのパターンがあります。ここでは、まず、そのパターンを確認しておきましょう。

典型的な事業承継3つのパターン

典型的な事業承継のパターンは次の3つに大別できます。

❶親族内承継

先にも述べたように、最も典型的な事業承継は現社長が自分の子に事業を継がせることですが、親族内承継と言うと、自分の子のほかに、自分の配偶者や兄弟姉妹、自分の子の配偶者、また叔父・叔母、甥・姪などいわゆる**親族の誰かに事業を継いでもらうこと**になります。

厳密には、民法上の親族は「6親等内の血族、配偶者、3親等内の姻族」のことです。気心の知れた親族に事業を継いでもらえば、現社長としても、事業への思いや留意してほしいことなども伝わりやすく、スムーズに承継できることが多いでしょう。

❷親族外承継

❶の親族内承継とは異なり、**現社長が親族以外の誰かに事業を継いでもらうケース**です。第三者承継という呼び方もあります。

「親族以外の誰か」については、親族ではない役員や従業員に事業を継いでもらうケースがあります。このうち、役員が事業を継ぐ場合はＭＢＯ（management Buy-Out）という呼び方をします。従業員が事業を継ぐ場合はＥＢＯ（Employee Buy-Out）という呼び方をします。

一般にBuy-Outと言うと「買収」という〝敵対的、乗っ取り〟といったイメージもありますが、友好的に事業を継いでもらうこともあります。役員の誰かが自社の株を買い集め乗っ取ることもＭＢＯですし、役員の誰かに自社の株を買ってもらい、事業を継いでもらうこともＭＢＯです。実態としては友好的な承継のほうが圧倒的に多いと言えるでしょう。

❸Ｍ＆Ａ

Ｍ＆ＡとはMergers and Acquisitionsの略で、合併や買収のことを言います。個人がどこかの会社をＭ＆Ａするケースもありますが、一般的にはある法人が別の法人を合併したり買収したりするケースが多いでしょう。

事業承継においても同様で、ある別の会社が自分の会社を合併したり買収したりするケースがあり、それも事業承継のパターンのひとつと言ってよいでしょう。自分の会社から見ると、合併してもらったり買収してもらったりするわけです。かつてはＭ＆Ａと言うと強引に買い取られたり乗っ取られたりするイメージもありましたが、今では中小企業でも親族内承継がむずかしい企業を中心に、一般的に行われるようになってきました。

なお、小さな会社がＭ＆Ａを行うことをスモールＭ＆Ａと呼んだりもします。また、親族外承継・第三者承継のうち、承継先が法人の場合は実質的にＭ＆Ａが行われたと考えてもよいでしょう。ちなみに、単に事業を継いでもらう先を探すこと、もしくは買える事業を探すことをM&Aにおける**事業のマッチング**と呼んだりもします。

親族内、親族外、M&A、それぞれのメリット・デメリット

事業承継の典型的なパターン「親族内承継、親族外承継、M&A」には、次ページ図のようにそれぞれにメリット・デメリットがあります。ある人がメリットと感じることが他の人にはデメリットに感じるケースもあるので、「特徴」と言ってもよいでしょう。

親族内承継は一般的に親が子に事業を継いでもらうケースが多いので、いわば気心が知れた関係においての承継です。このことによるメリットは、取引先や取引銀行、従業員、他の株主も同様で、**事業承継についての理解が得られやすい**ことです。

一方、親族内承継には、承継者が限られるというデメリットもあります。現社長が「後継者は親族に」と考えていても、誰にも引き受けてもらえないケースもあるのです。

親族外承継では役員や従業員の誰かに継いでもらうケースが典型的ですから、**他の役員・従業員、また、親密な他の株主にも理解が得られやすい**メリットがあります。

親族内承継、親族外承継、M&A……事業承継のメリット・デメリット

	メリット	デメリット
❶ 親族内承継	気心が知れた人への承継。取引先や取引銀行、従業員にも理解が得られやすい	承継者が限られる
❷ 親族外承継	役員や従業員の誰かに継いでもらうケースが典型的で、他の役員・従業員、取引先にも理解が得られやすい	事業を継ぐ役員や従業員に、資力がないケースもある 個人保証できる後継者でなければ、今後の融資判断が厳しくなるケースもあり得る
❸ M&A	買い手が見つかれば、ビジネスライクにスムーズに進む	売却先の経営に関わることは、基本できない 仲介料などがかかる

ただし、事業を継ぐ役員や従業員に、事業を継ぐだけの、すなわち自社の株を買い取るだけの十分な資力がないケースもあります。「優秀な○○君に後継者になってもらいたいけど、ウチの株を買い取るほどのお金はないはずだから、むずかしい」というようなケースです。

なお、かつては、こうした面が企業間の取引のほか、銀行取引にも影響することがありました。企業間の取引では、他人が後継者になり社業を継いだ場合、取引先は「与信を見直さないといけない」と思うでしょうし、十分に個人保証できる後継者でなければ今後の融資の審査・判断を厳しくせざるを得ないというわけです。

今はこうした企業間の取引関係や銀行の融資姿勢は見られなくなってきました。ですが、中小企業の事業承継のメリット・デメリットについては、このような考え方もあるという点は理解しておいて損はないでしょう。

M&Aについての大きなメリットは、**ふさわしい相手がいれば好ましいM&Aが実現できる**点です。ただし、そう簡単には見つからないケースも多いもの。また、ひと口にM&Aと言ってもさまざまなスキーム・仕組み・テクニックがあります。そのため、仲介事業者が入る場合は、仲介に関連する諸経費がかかります。

2

自社の承継対策を行わなかったら、どうなるのか？

ほとんどの中小企業の社長は高齢でも現役であれば、「私はまだまだ頑張れる」と思っていますし、漠然と「自分の子に継いでもらいたい」と思っているものです。

しかし、どんな社長にも「引退」は必ず訪れます。自分が亡くなるときに社長業を引退するケースもあるでしょう。そのときまで、事業承継対策を何もとっていなかったら、会社は社長不在で意思決定する人がいなくなり、〝宙ぶらりん〟の状態になってしまいます。すると、倒産の憂き目に遭うこともあり得ますし、廃業せざるを得なくなるケースもあるでしょう。

そのような状態になることを回避するため、自社の承継対策は現社長が元気なうちに考え、しっかりと対策をとっておく必要があるのです。

自社株の問題が顕在化する！

自社の承継対策として重要なことはたくさんあります。自分が引退しても販路が確保・維持できていて、技術が継続・継承できていることも重要なポイントです。そして、自社の株式、すなわち自社株がきちんと承継されることも重要なポイントです。

自社の承継対策をきちんと行っていないことイコール、自社株対策を行っていないことと言ってもいいでしょう。自社株対策を行っていないと、会社はさまざまなリスクにさらされてしまいます。例えば、後継者が過半数の株を保有できていない状況では、

・取締役・監査役の選任
・取締役の解任
・役員報酬の額
・剰余金の配当
・剰余金の額の減少
・剰余金についての処分
・自社株の取得

事業承継対策をまったく行っていないと……

自社株の問題として顕在化する！

後継者が過半数の株を保有できていない → 株主総会の普通決議事項を後継者自身で意思決定することができない

普通決議事項…取締役・監査役の選任、取締役の解任、役員報酬の額、剰余金の配当、自社株の取得、資本金額の増加など

（自社株の取得については、株主の同意が必要な場合、特別決議事項）

後継者が３分の２以上の株を保有できていない → 株主総会の特別決議事項を後継者自身で意思決定することができない

・**資本金額の増加**

など株主総会の普通決議事項を後継者自身で意思決定することができません（上図参照）。これらの普通決議事項のいくつかを、株主の3分の2以上の決議が必要な特別決議事項としている会社もあります。例えば、取締役・監査役の選任、取締役の解任を特別決議事項としている場合は、後継者が3分の2以上の株を持っていないと、後継者自身が自分で取締役を選べないばかりか、後継者自身が解任されてしまうリスクもあるのです。

このように、事業承継対策を行っていないと、それは自社株の問題となって顕在化し、後継者の事業存続の取り組みが足もとから揺るがされてしまうことにもなります。

3 事業承継のキーポイントは自社株対策

先に述べたように、事業承継対策をまったくとらなかった場合、それは自社株の問題として顕在化します。このことは言い換えると、**事業承継のキーポイントは自社株対策である**ということです。

では、どのような自社株対策をとっておくべきか。その典型的な例を見ておきましょう。

株が分散されていくリスクを防ぐ

事業承継における自社株対策の基本となる大事なポイントは、**株が分散されてしまうのを防**

事業承継は自社株対策が基本！

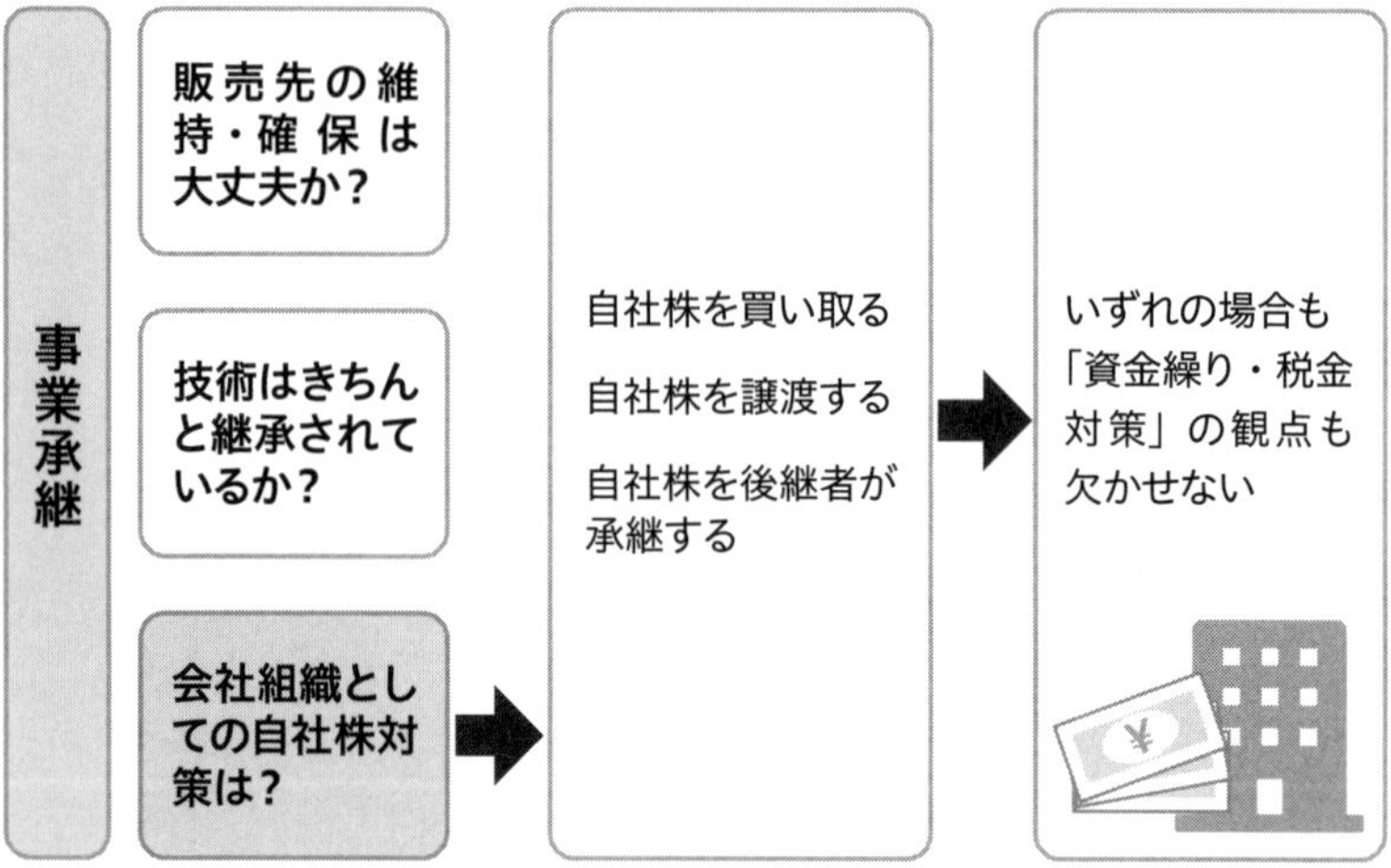
事業承継
販売先の維持・確保は大丈夫か？
技術はきちんと継承されているか？
会社組織としての自社株対策は？
自社株を買い取る
自社株を譲渡する
自社株を後継者が承継する
いずれの場合も「資金繰り・税金対策」の観点も欠かせない
¥

ぐことです。後継者がどれくらいの株を持っているべきかは、企業や現社長の考え方によって変わってきますが、少なくとも非上場株式の場合は株の過半数を後継者が握ることが、後述する経営権（34ページ）の観点から好ましい状況であると言えるでしょう。

ところが、実態は創業の時点で複数の株主に株を持ってもらっている（出資してもらっている）ような場合、それらの株主に相続が発生すると、株が相続人の手に渡り、結局、後継者にとっては自社の株主が、どこの、どんな人かわからないような状態にもなっていきます。そうした株主（所在不明株主）から、突然、株の買取り請求が送られてくることもあるのです。

その際は、その買取り請求に応じることになります。すると、会社もしくは後継者自身が多額の資金を捻出しなければならない羽目に陥ります。場合によっては、買取り額を銀行からの借入れで対応するケースもあります。どのような場合でも、会社経営において資金流出は大きなリスクと言ってよいでしょう。

このような**リスクを事前に回避しつつ事業承継を進めることが自社株対策の基本**です（前ページ図参照）。

なお、事業承継対策では、自社株を買い取るケースだけでなく、自社株を譲渡するケースもあります。例えば、自社の負担を減らしつつ自社株を贈与するほか売却（譲渡）するケースなどがそうです。その際には、自社株の価額がいくらかということが大きな課題となってきます。

さらに、自社株の承継においては贈与税・相続税はもちろん所得税・法人税などの税負担を加味しなければならないケースも多いもの。事業承継のキーポイントはまさに自社株対策ですが、適切に承継するには資金流出リスクのほか、税金面・節税など加味しなければならないことがたくさんあるのです。

4 自社株対策・承継方法の大まかな流れ

自社株対策を簡潔に述べれば、「自社株をスムーズに後継者に承継してもらうこと」です。では、自社株の承継にはどのような方法があるか、次ページ図を参照しながら、その大まかな流れと想定される問題を典型的なケースで考えてみましょう。

相続時に自社株を承継する

典型的な第一の例は、現社長の相続の際に、社長の子が後継者として自社株を相続するケースです。この場合の株価は、後述するように相続税法・財産評価基本通達で規定されている計

自社株の承継の大まかな流れ

	典型的な方法	留意点
現社長の持つ自社株	❶相続時に後継者に承継	・課税・株の評価は相続税法（財産評価基本通達による） ・遺留分侵害額の請求リスクがある
	❷生前に後継者に贈与	・課税・株の評価は贈与税法（財産評価基本通達による）
	❸生前に後継者に譲渡	・現社長は株の売却による所得課税が発生 ・現社長は退職金が得られる
	❹別の法人に譲渡	・典型的な手法は持株会社の設立 ・株の売買で、現社長に所得税、別の法人に法人税が発生 ・現社長は退職金が得られる

算式（73ページ）で算出します。

長年続いてきた会社、業績が安定していた会社、事業の将来性がある会社などは、当然ながら評価額が高くなる傾向があります。そのとき、自社株を承継する後継者に他界した社長の財産が集中することになりますが、そのことが「相続トラブル」を招く可能性があることにも留意しておきたいものです。

ここで言う相続トラブルとは、

- **相続人の間で遺産の分割が不平等になった**
- **後継者である子が多額の相続税を納めなければならなくなった**
- **後継者以外の相続人が少数株主なのに事業に必要以上に口出しをしてくる**

など、さまざまなケースが想定できます。

もちろん、相続に焦点をあてれば、

・後継者以外の相続人が遺留分を要求してきた

というケースも想定されます。

相続時に自社株を後継者である「亡くなった社長の子」が承継することは典型的ではありますが、相続トラブルを招きかねないリスクもあるのです。そのため、少なくとも社長は生前、財産の「分け方」を遺言書にまとめておく必要があります。

後継者に生前贈与するか、生前に譲渡する

典型的な例の2つ目として、現社長が生前に後継者である社長の子に自社株を贈与するケースを考えてみましょう。その場合は、自社株の評価額の低い時期を見計らいながら贈与できれば、それだけ贈与税を低く抑えることができます。

ただし、理屈上はそのようなことが言い得ても、実際に自社株の評価額の低い時期を見定めることは単純にできるものではありません。顧問税理士に協力を仰ぎつつ取り組むのが現実的でしょう。

また、**社長の相続前3年の間に贈与されたものは、自社株であっても相続財産としてカウントされます。しかも、株価は相続時の価額**です。自社株の評価額が低い時期だと思って生前贈与し、その後3年のうち、株価が上昇した時期に社長が他界したとなれば、社長の相続財産額も相続税額も思いのほか高くなっているケースがあるわけです。

社長が生前に自社株を子に承継するもうひとつの典型的な方法が、子に譲渡することです。子が複数いる場合、特定の子を後継者と考えて贈与することは将来の相続トラブルの火種になることも考えられます。ところが、譲渡する場合は後継者である子もお金を払って譲り受けているのですから、すっきりとした承継にはなるでしょう。

さらに、親である社長は引退とともに自社株を譲渡したお金を受け取ることになれば、いわば役員退職金を手に入れたことになります。課税はされますが、そうすることで老後資金が確保できるというメリットがあることも押さえておくとよいでしょう。

ただし、後継者に自社株を譲渡するには、その後継者に、自社株を買い取るだけの資力が求められます。銀行からの借入金を使って自社株を譲り受けるケースも考えられますが、その場合は銀行から信用が得られているかどうかも重要な判断ポイントです。

さまざまな自社株の承継方法は考えられますが、なかなか現社長個人の思惑どおりにいかないのが現実なのです。

生前に持株会社に承継する

前述した承継方法は、自社株を保有している現社長個人が後継者である子に自社株を承継する典型的な方法です。一方、自社株を保有している社長個人が別の法人に自社株を承継する方法もあります。その典型例が、自社株を自社の持株会社に譲渡する方法です。持株会社と言うと大企業を想定しがちですが、中小企業でも活用できます。具体的な手法は後述しますが、一言で述べると、**自社の持株会社を設立し、その持株会社に現社長が持つ自社株を買い取ってもらう**わけです。

自社株を譲渡した社長にはキャッシュが入ります。引退するのであれば、それは役員退職金と考えてもいいでしょう。

なお、「相続時に自社株を承継する方法」以外、また役員退職金を得ない場合は、自社株が後継者や持株会社に渡ったとしても社長自身は引退せず経営に関わっていくこともできます。経営の承継と会社（自社株）の承継は別物だからです。

5

自社株とその承継には
リスクがいっぱい！

自社株とその対策にまったく無関心であったり、毎日の仕事に追われるなかで優先順位を遅らせてしまったりしている人はいないでしょうか。その考え方は大きなリスクをはらんでいます。たとえ、業績が順調に伸びていたとしても、ある日、〝放置〟していた自社株に自社の足もとをすくわれかねないこともあるからです。

経営権が保てず、多額の資金が流出する！

自社株について無頓着な中小企業とその社長は、実は取り返しのつかないリスクにさらされ

懇意の知人（株主）が所在不明株主に

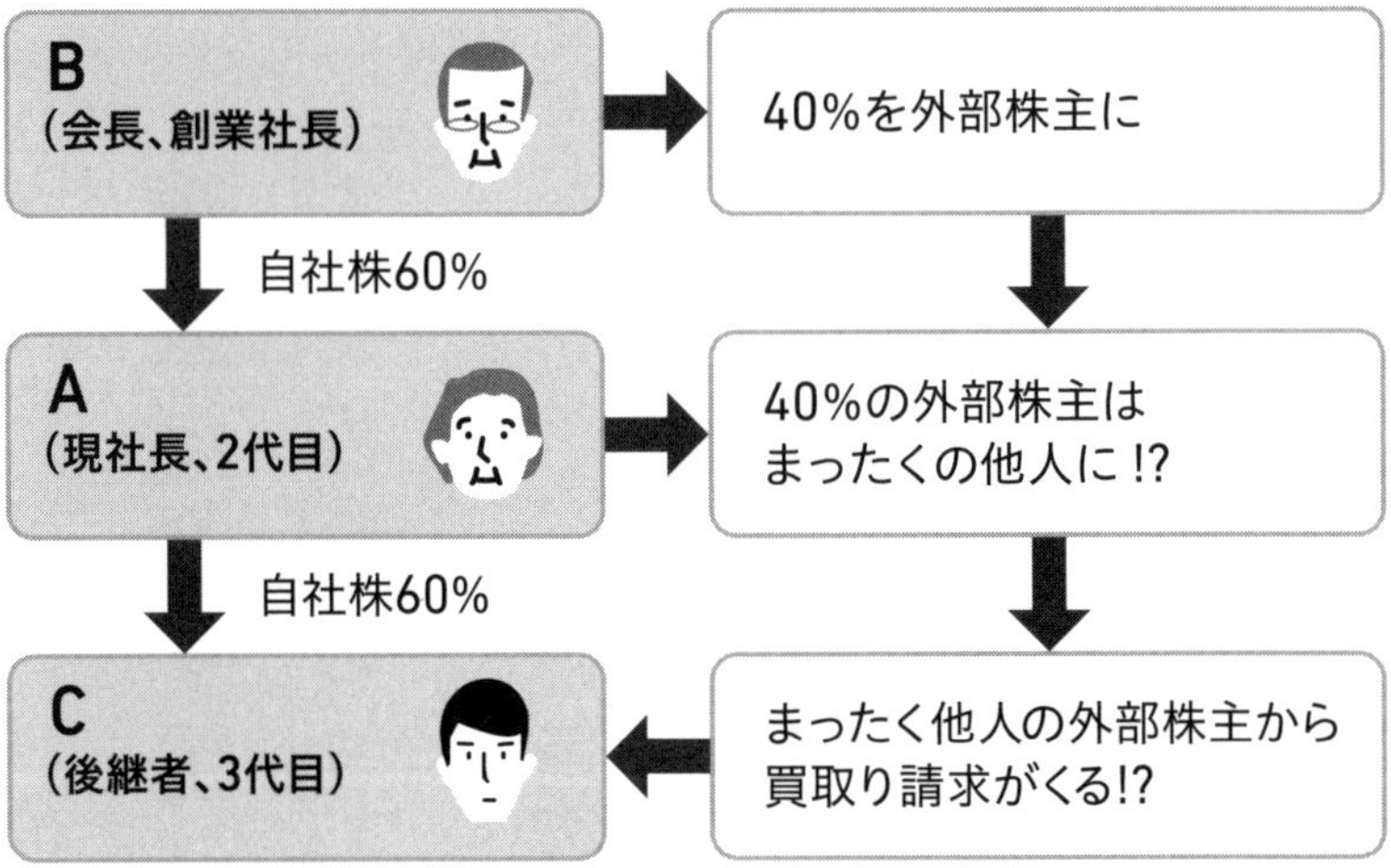

ています。その最たるものが、**経営権が保てないリスク**です。

例えば、２代目の現社長Ａが60％の株を持ち、そのほかは先代（会長、Ｂ）が創業の頃から世話になった数人の他人（外部株主）が持っていたとします。先代Ｂとしては２代目Ａに経営を譲り、会社は安泰だと思っていたとしても、株の40％はＡ社長から見れば他人に渡ったままです。

外部株式を持っている人のなかには、高齢で亡くなっている人もいるでしょう。すると、株はきちんと相続されていたとしても、Ａ社長からするとまったくの他人にわたっていることになってしまいます。

Ａ社長は定時株主総会の際には株主名簿で

確認しているから大丈夫、と思っているかもしれません。ところが、実態は総務部長任せであり、自分でしっかり確認していないケースも少なくありません。すると、ある日突然、見知らぬ株主から株主代表訴訟を起こされたり、株の買取り請求が寄せられたり、3代目Cに事業をスムーズに承継できない事態が発生することがあり得るのです。

なお、株主代表訴訟を起こされなくても、株主は従業員とは違う立場で会社の情報を知ることができます。資金管理の状況や取締役の意思決定の経過なども知ることができるのです。

株主が自社の情報を得たいという要求は、**情報流出リスク**をはらんでいると言い換えることができます。それはその株主が現社長Aの経営のやり方に反発しているかどうかは関係ありません。反発している株主であれば株主総会で意見するのも当然ですし、自社の情報に不可解な点があると思えば、反発を表明していなくても「株を買い取ってほしい」と要求される可能性もあります。

ひとつのリスクがいくつものトラブルの連鎖に

さらに、業績の安定している状態のときに、現社長Aが3代目Cに事業承継しようとする

自社株にはリスクがいっぱい！

経営権が おびやかされる →	社長を解任されてしまうかも…… **株主は取締役の選任・解任が可能**
㊙情報が 流出してしまう →	機密情報が漏れてしまうかも…… **株主は会社に情報の閲覧請求ができる**
多額の資金が 流出する →	株の買取りや納税資金を用意しないと…… **株主からの株の買取り請求を拒めない。納税資金を会社が肩代わりする可能性もある**

と、自社株の評価額が莫大《ばくだい》になってしまいます。3代目Cが自社株を買い取るお金を用意できなければ、会社が肩代わりする可能性もあるでしょう。加えて現社長Aが存命のうちは贈与税、亡くなって承継する場合は相続税負担もあります。3代目Cが贈与税を支払えないことがわかると、税務署が3代目Cの資力を調べ、催促や差押えをしたうえで納税が不可能と判断した場合は、現社長Aが贈与税を納めることにもなりかねません。

これらの税負担については、現社長Aとしてはもちろんのこと、会社が関わる場合は思わぬ資金流出につながります。まさに、これが**資金流出リスク**です。

また、このような代替わりの時期には社長

以外の40%の外部株主から、思い出したかのように株の買取り請求がくるかもしれません。外部株主としても、例えば外部株主の家族に相続があったときの相続税の納税資金を、株を売却したお金で充当することもあるからです。

そうした複雑な事情が絡み合いながら、自社株は譲渡されたり相続されたりするのです。すると、会社としては業績が順調に推移しているといっても、3代目Cは多額の借金を抱えてスタートすることにもなりかねません。

このように自社株について無頓着だと前ページ図のような経営権のリスク、情報流出のリスク、38ページで紹介する資金流出のリスクにさらされ、それらが複雑に交錯して、経営の屋台骨を揺るがしかねない事態に発展する可能性もあります。

例えば、このところ新型コロナ感染症が大きな社会問題になっており、その対応に不手際があれば、当然のように株主は行動を起こします。そのとき、中小企業においては社長自身が過半数の株を持ち、安定的に賛同してくれる株主とあわせて3分の2以上の株を持っていなければ、どんな事態に発展するかわからず、社長を解任されるリスクにもさらされている……。それが自社株の怖さなのです。

6

承継後の〝争族〟で乗っ取られる!?
経営権に関するリスク

自社株の扱いを誤ると、さまざまなリスクに直面します。その典型的なリスクが、事業承継後に後継者の経営権がおびやかされてしまうことです。この例を創業者である父Aが他界、相続人である長女Bが事業を継ぎ、創業者の妻Cと長男（弟）Dと次女（妹）Eが一定の相続分の株を保有しているケースで考えてみましょう（次ページ図参照）。

長女が社長を解任され、次女夫婦に会社が乗っ取られる！

社員30名ほどの雑貨問屋を営んでいた創業者Aは、高齢でもあり10年ほど前に経営を長女B

親族内承継でもアブナイ！　経営権をおびやかされるリスクの例

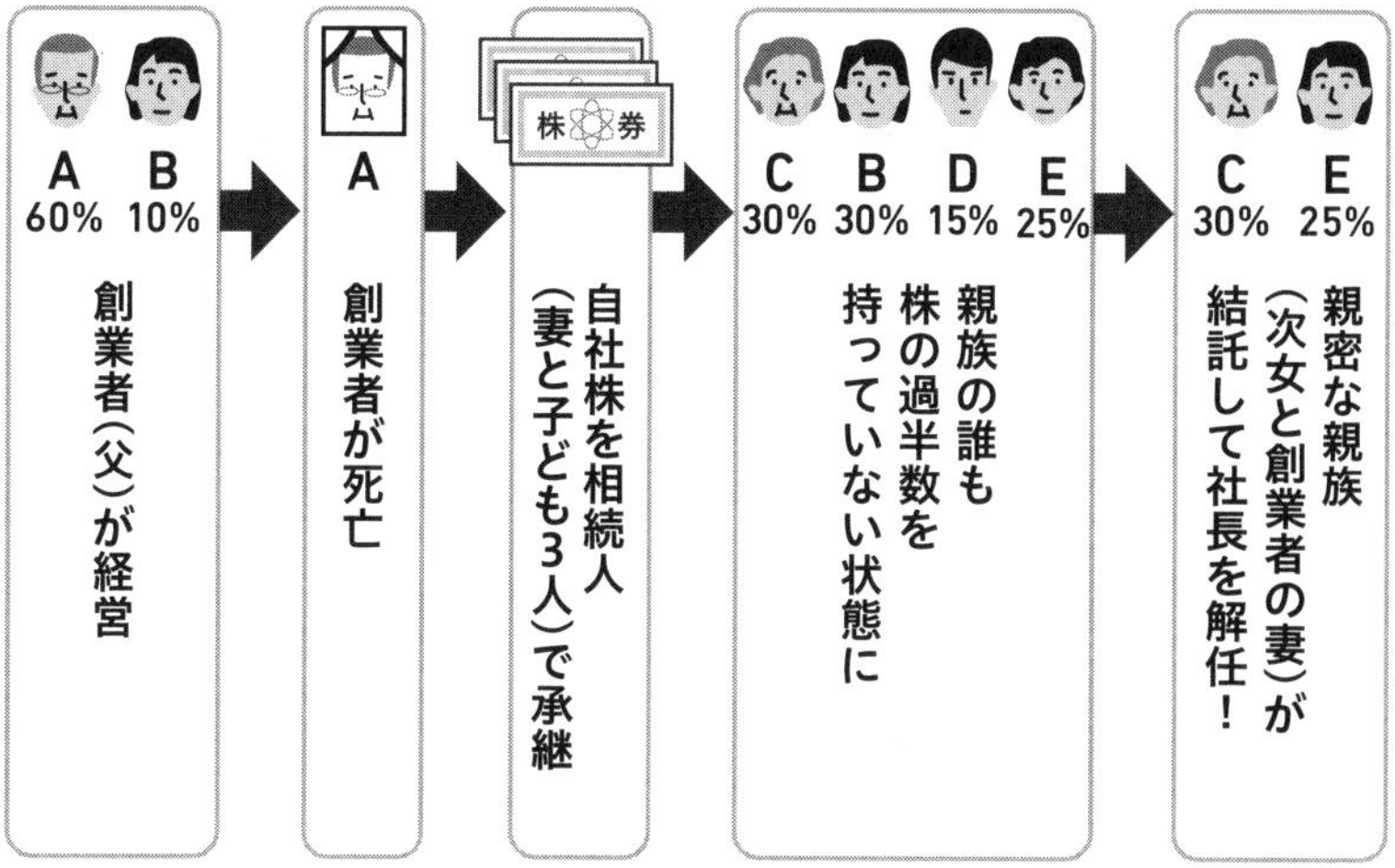
A　B
60%　10%
創業者（父）が経営
A
創業者が死亡
株券
自社株を相続人（妻と子ども3人）で承継
C　B　D　E
30%　30%　15%　25%
親族の誰も株の過半数を持っていない状態に
C　E
30%　25%
親密な親族（次女と創業者の妻）が結託して社長を解任！

に譲り、会長職に就いていました。長女Bは50代で、ずっと勤めていた鞄メーカーを退職し、父親の会社を継いだのです。

自社株については50％超を会長Aが保有したままで、10％を長女Bに譲渡し、残り40％ほどは先代の妻（母親）Cや親戚、親しい取引先などが保有していました。

長女Bが社長に就任してからも、経営は厳しいながらも順調で、プライベートブランドを持つようにもなり、ネット通販にも進出しました。ところが3年前に創業者である父Aが他界し、創業者が保有していた自社株を妻Cと長女B、長男D、次女Eで相続しました。その際、自社株を保有するだけでなく、事業にたずさわりたいと次女Eが申し出たので、次女Eをひとまず従業員として入れることにしました。

創業者Aが他界して2年ほどは次女Eも社長である長女Bとともに、社業に貢献していました。その結果、次女Eは営業関係を担う役員にも就任しました。

ところが次女Eは役員に就任すると、自分の思ったことを独断専行的に推し進めるようになりました。そうこうしていると、徐々に長女Bと次女Eの仲が険悪になり、ついに次女Eは長女Bを解任しようとしてきたのです。

長女Bが持っている株は社長といっても半数未満。次女Eももちろん半数未満ですが、母親Cは実質的に面倒を見てもらっている次女Eの言いなりで、母親Cと次女Eの持株を合わせると全自社株の過半数になります。もともと創業者Aが経営していた会社に関して長男Dは無関心でした。また、どうやら小さな会社を経営している次女Eの夫は「義姉さんから会社を譲ってもらったら？　そのほうが君も生き生きして、もっといい会社になるんじゃないか」と次女Eにアドバイスしているフシもありました。

長女Bとしては、創業者Aが他界して5年ほどが経ち、何とか経営を維持してきたものの、的確な自社株対策をとってこなかったツケがまわり、姉妹の〝骨肉の争い〟になってしまったのです。

永続にふさわしい株主構成に

自社株対策をとってこなかったことに関する経営権をおびやかすリスクについては、このように**承継した後継社長が解任させられる**ことが典型例です。本来であれば、創業者の相続時に長女Bが少なくとも過半数株式を持つようにし、母親Cと長男D、次女Eには自社株とは別の相続財産を渡すようにする必要がありました。

中小企業であっても企業を永続させる必要があるなら、後継者が株の過半数を持っていない場合でも、後継者と後継者が信頼できる人とで過半数株を持つなど、それにふさわしい株主構成にする必要があったのです。

7

相続税負担を背負うハメに!? 会社の資金流出のリスク

自社株対策をとっていないばかりに招く、もうひとつの典型的なリスクが、会社の資金が流出してしまうことです。

その例としてすぐに浮かんでくるのが、相続にともなう相続税の支払いです。自社株に関しては財産としての評価額が大きく、そのため税負担も大きなものとなってしまいます。

後継者の相続税分を先代が創業した会社でやり繰りする!?

中小企業で堅実に業績を伸ばしている企業の多くは、**創業の頃からは想像もつかないほど**

自社株承継による会社の資金流出リスクの例

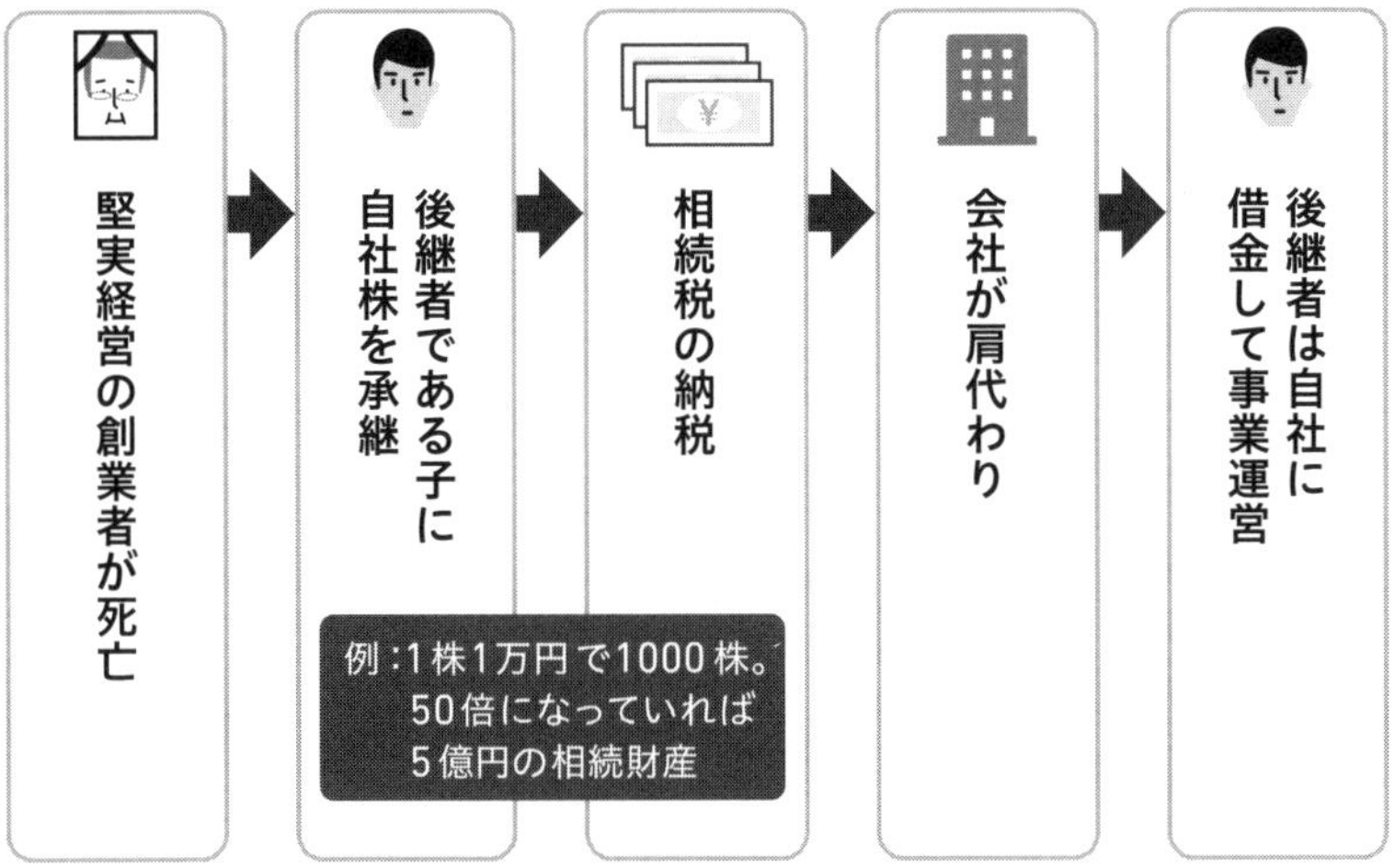
堅実経営の創業者が死亡
後継者である子に自社株を承継
相続税の納税
会社が肩代わり
後継者は自社に借金して事業運営
例:1株1万円で1000株。
50倍になっていれば
5億円の相続財産

自社株の評価額が上昇しているケースがあります。創業時は１０００万円の資本金を出資して株式会社を設立したとしても、20年、30年、多少の波はあったにしても業績が継続して伸びていれば、自社株の評価額は数十倍になっているケースがあるのです。当時、１株１万円として１０００株を発行した会社で、仮に50倍になれば5億円。その評価額の時期に創業者が他界することになれば、相続財産のうち自社株が5億円という計算になります(上図参照)。

これだけの相続財産額になれば、全自社株を承継した後継者の相続税額は数千万円~億円レベルになります。

仮に相続財産額が5億円、子１人が相続人

とすると、その相続税額は概算で1億9000万円です。とてもキャッシュで払えるレベルではありません。

相続税は相続人である個人が現金で納めないといけないのですが、納めることができないとなると、何か別の財産を処分するか、どこかから借り入れて相続税の納税に充当しないといけません。延納や物納といった方法がないわけではありませんが、特に物納に関しては手間がかかりすぎ現実的ではありません。

そこで、このような状況の場合、多くは先代が創業した会社から借り入れます。会社に現預金があれば後継者は自社から多額の借金をして事業を継ぐことになります。しかし、実際に億円レベルの現預金をキャッシュとして持っている中小企業は、それほど多くはありません。すると、先代が創業した会社では目ぼしい財産を処分し、そのお金で自社株を買い取り、後継者にその額を支払って、納税資金とする方法をとるケースもあります。

このような方法をとった場合、先代が創業した会社から見れば、事業承継にあたって、大きな額の資金が流出してしまうことになります。加えて、後継者自身は持株割合の低い状態での事業運営を迫られます。先代が元気なうちに自社株対策をとっていないと、このような多額の資金流出リスクを抱え込むことにもなるのです。

8

㊙情報も筒抜け状態!? 会社の情報流出のリスクに備える

自社株対策をとらないままでいると、**思わぬ時期に、思わぬ会社情報が流出してしまうリスクもあります**。

「当社は、包み隠さず情報を従業員や顧客に伝えている。情報が流出したって、いっこうにかまわない」と考える中小企業の社長がいるかもしれません。ですが、情報を入手した相手はその情報を他に流出させてしまったり、悪用したりする可能性もあります。それが自社の屋台骨を揺るがしてしまうことも、なきにしもあらずです。

そう考えると、会社の情報流出は十分に留意すべきリスクなのです。

原則、株主は会社のすべての情報を閲覧請求できる

第2章65ページでも述べるとおり、株主という存在は特定の例外はあるものの、基本、会社のどのような資料でも、その閲覧を会社に請求し、見ることができます（会社が拒むことができる請求もあります）。これを**会計帳簿閲覧謄写請求権**と言い、損益計算書や貸借対照表といった決算書、月々・日々の会計帳簿、取締役会の議事録などすべての情報について株主が情報開示を求めれば、会社はその請求に従わなければなりません（次ページ図参照）。上場企業において情報開示は上場資格の重要な要件のひとつなので、ＩＲ情報、適時開示情報などとして四半期の決算や大株主の異動、借入れ、子会社の設立などがあるごとに情報を開示しています。ところが、情報開示に慣れていない非上場会社にとっては、隠しているつもりのない情報でも外に流れていることがわかると不安になってしまうでしょう。

もちろん、情報開示を請求する側は、ほとんどが何らかの意図があって開示を求めてきます。例えば、粉飾や不正を働いていないか、取引をごまかしていないか、場合によっては社長の意思決定ミスや能力・資質不足を指摘し、解任を求めるための下調べとして情報開示を求めてくるケースもあります。

自社株対策をとらないままでいると、情報流出のリスクにさらされる！

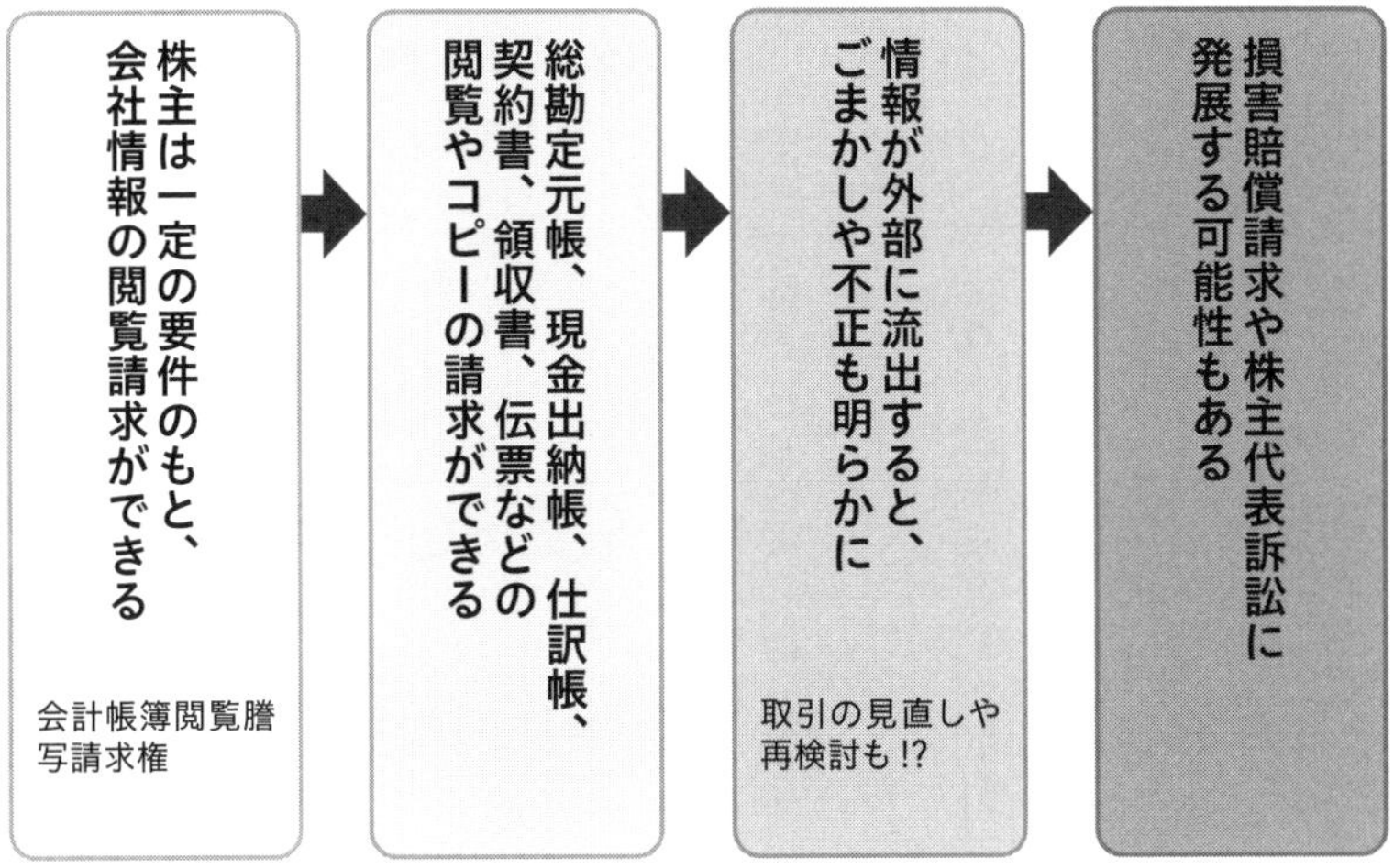
株主は一定の要件のもと、会社情報の閲覧請求ができる
会計帳簿閲覧謄写請求権
総勘定元帳、現金出納帳、仕訳帳、契約書、領収書、伝票などの閲覧やコピーの請求ができる
情報が外部に流出すると、ごまかしや不正も明らかに
取引の見直しや再検討も!?
損害賠償請求や株主代表訴訟に発展する可能性もある

また、中小企業の自社株では、古くからの取引関係者、業界団体の重鎮などに自社株を持ってもらっていることがあります。このような相手の会社の株式を保有している状態を**株の持ち合い**といった表現をします。お互いに株を持ち合って、関係性の維持・強化を図っているのです。

この場合、実態としては株の持ち合いだけでなく、〝**情報の持ち合い**〟になっているようなケースもあります。両社の社長同士仲がよく、新規事業の情報や株の配当、社長にしかわからない資金繰りなどが外部株主である他社に筒抜けになっている状態です。

それでうまく会社経営ができていれば問題は起こらないかもしれません。しかし、外部株主には自社が知り得ない取引関係があるものです。その取引関係を通じて、情報が流出してしまう危険性があるのです。

ごまかしていた決算が明るみに！

事業を長く続けていて自社株対策をとっていない中小企業に、外部株主である取引先があると、取引関係を見直すために決算書類を開示してほしいと要求してくることがあります。その決算内容を見ると、実は赤字なのに黒字にごまかしていたり、逆に黒字であっても冗費（ムダな費用）や使途のよくわからない費用を計上して黒字を減らしていたりするケースもあります。すると、そうした好ましくない決算状況が、株主である取引先にわかってしまうのです。

そうなると、与信枠を絞られたり、取引が停止になったりすることもあり得ます。決算をごまかしていたり、ムダづかいを重ねていたりする例は少し極端かもしれませんが、伝えなくてもよい情報が不用意に流出してしまうのは困りものです。**自社株対策をとっていないと、常に情報流出のリスクにさらされていると理解しておくべき**でしょう。

株主代表訴訟の材料に！

一定の要件はあるものの、株主は決算書類のほかにも、会計帳簿や取締役会の議事録を閲覧できます。その情報をもとに、株主は経営責任を追及することも損害賠償の請求もできます。いわゆる**株主代表訴訟を起こすことができる**のです。

株主代表訴訟とは株主が会社に代わって取締役・監査役などの役員に対して法的責任を追及するために起こす訴訟のことです。例えば、債権回収ができず、巨額の欠損（赤字）を出してしまったといった場合に、株主が「それは社長が判断を誤ったからだ」と訴訟を起こすようなケースがあります。

ここで、中小メーカーが後継者と目した専務に別会社として販売会社をつくってその経営を任せ、その事業が失敗に終わったことを想定してみましょう（次ページ図参照）。販売会社の経営を任せた社長としては、その販売会社での取り組みを反省し、場合によっては他の経営者にすげ替えることもあれば、販売会社の事業を求める人に売却するなど、善後策に取り組むことになるはずです。

ところが自社株対策を適切にとらないまま、その別会社を立ち上げたとなると、外部株主が

販売会社の経営が傾いて株主が情報開示請求をしてきたケース

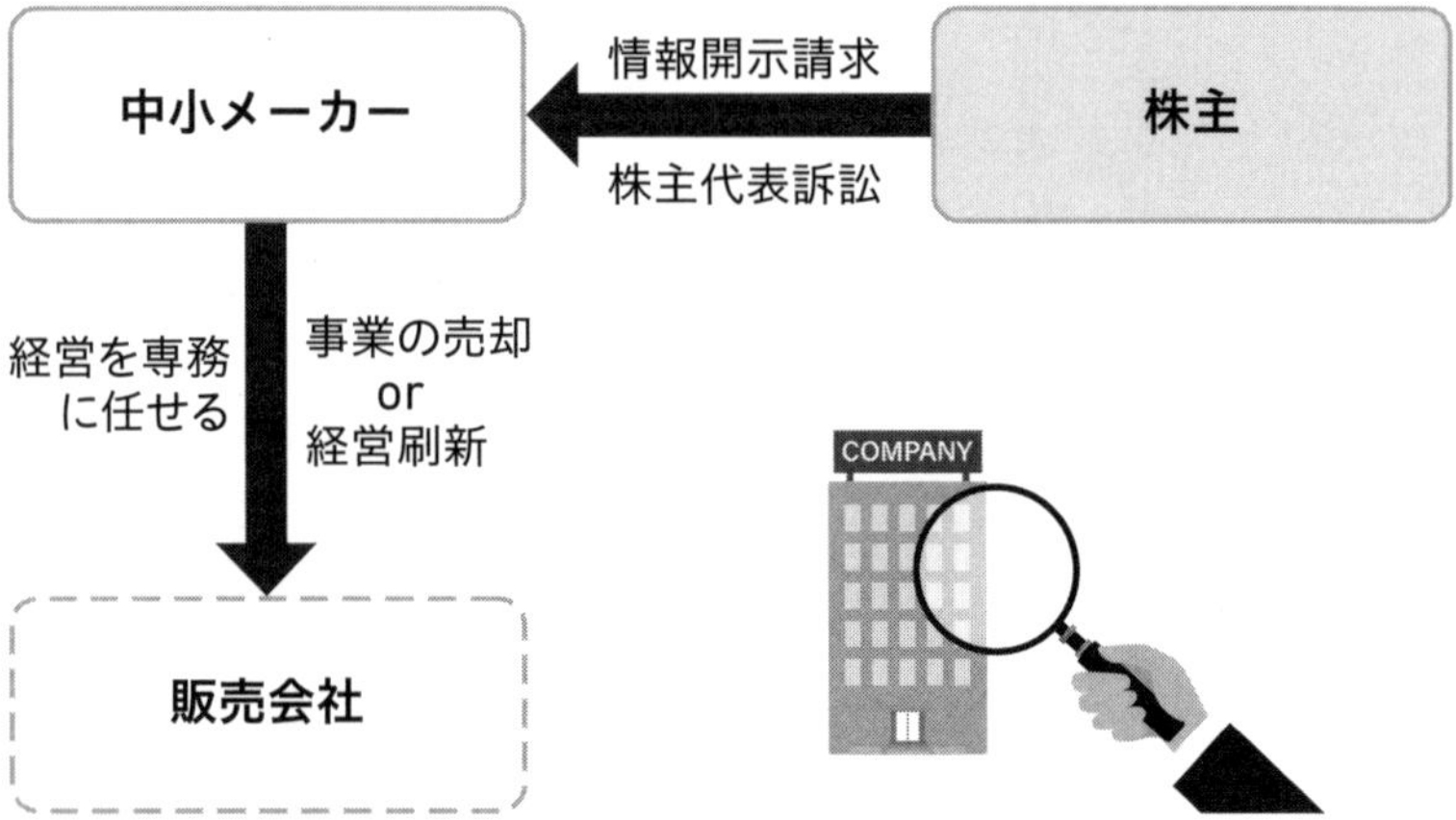

いた場合は、当然ながら販売会社の経営を任された専務と、販売会社の経営を任せた社長の経営責任を問い質《ただ》すでしょう。そのときの証拠資料に取締役会の議事録が利用される可能性があります。

外部株主としては必要な情報の開示や閲覧請求を行い、販売会社の経営に際してどのような意思決定が行われたか精査し、場合によっては損害賠償請求訴訟を起こしたり、社長解任の決議を求めたりするのです。

このようなリスクも、もとをたどれば自社株対策に無頓着なまま経営を続けてきた社長に問題があります。自社株対策を適切に行なっていない会社は、そのリスクを抱え込んだ状態のまま経営を続けていると言えます。

column

自社株トラブル
よくあるケース

見知らぬ女性が株の買取りを求めてきた

■ある日突然、自社株の買取りを求めてきた見知らぬ女性

K社はT氏が創業した会社で、株の70%をT氏が保有していました。残りの30%はT氏を若い頃から指導し、起業に導いてくれたコンサルタントや先輩経営者でもある叔父などが出資し、株を持っていました。

ところがT氏が創業して30年、その間にコンサルタントと先輩経営者は他界し、その相続人も亡くなっていました。

T氏はコンサルタントと先輩経営者が亡くなったことは知っていましたが、疎遠になっていたこともあり、その相続人が他界したことはよくわからないままでした。T氏には自社の外部株主が本当は誰で、どのような状態にあるのか、気にとめていなかったのです。

その状態のなかで、ある女性が弁護士を立て、

「私の父は、あなたの会社の株主だった。株価は相当な額になっているはずなので、買い取っていただきたい」

と言ってきました。調べてみると、株価は創業の頃からすると30倍になっていました。買取り請求の額は1億円くらいになります。

いきなり1億円を用意することもできず、K社は困り果ててしまいました。

結局、K社としては、今後、後継者に事業を譲る際に、事業をスリム化する必要があり、不要な

不動産を処分して、得たお金を株の買取りに充当するほかありませんでした。

■かつての同士も、今は敵!?

また、相続に関係なく、株の買取り請求がトラブルに発展するケースもあります。

Y氏はD社の役員を長く続けていたのですが、D社の後継者と意見が対立し、役員を辞任することにしました。

表向きは円満な辞任だったのですが、辞任して半年ほど経ってY氏の弁護士からY氏が持つD社の株の買取り請求の文書が届きました。

ところが、Y氏が持つ株が少ないこともあり、D社としては買取り請求には応じず、いわば無視していたのです。

すると、その2カ月後、今度は、

「D社と同業の会社にY氏の株を譲渡したいので、承認してほしい」

という文書が同じ弁護士から送られてきました。おそらくD社を離れたY氏はその同業他社と何らかのつながりを持ったのでしょう。Y氏の持つD社株の買取り請求はまだ理解できても、

「同業他社への譲渡など考えられない」

と思ったD社の後継者はD社株の譲渡の承認請求も突っぱねることにしました。

Y氏とD社・後継者とのミゾはいっぺんに深まり、結果、裁判所の決定を仰ぐことになりました。D社としては、裁判所に積む供託金の用意に腐心している状態です。

非上場株式の買取り請求は、他人はもちろん、きょうだいや親子間でも持株数にかかわらず起こり得ます。それをトラブルに発展させないためには現社長・後継者を問わず、オーナー経営であればオーナーに株を集中しておくことが自社株対策の第一歩と言えるでしょう。

第２章

事業承継対策の前に知っておくべき自社株のキホン

1 自社株はどのように発行するのか

そもそも、自社株の発行はどのようにして行われるのでしょうか。

いわゆる「紙の株券」を発行している企業は規模の大小を問わずほとんどありません。会社法上も証券関連の法規上も、紙の株券の発行が必要なくなったからです。

では、その自社株の発行の仕組みを見ていきましょう。

定款に自社株について記載してあることが前提になる

規模の大小を問わず、自社の定款を常日頃から熟読している社長は多くはないでしょう。しかし、定款は会社の依《よ》って立つ基盤を示したもので、どんな事業を行うか、何に取り組むかなど、あらゆることが定められている、法的な効力のある重要な書類です。

この定款に、自社株についても定められています。多くは**発行可能株式総数**として、「どんな株をどれだけ発行できるか」といった基本的な事項を定めてあります。

株式会社の設立時の資金は「資本金」として、「設立に際して出資される財産の価額またはその最低額」を「最低額〇〇円以上」「出資額〇〇円」などと記載しますが、その後に出資を募る場合は増資として発行可能株式総数で定めた基準に沿って株を発行します。

発行可能株式総数については、**実際に発行する株式数の4倍以上**に設定しているケースが多いでしょう。これは公開会社の場合、発行可能株式総数は設立時に発行される株式総数の4倍以内でなければならない（設立時の発行株式の総数は、発行可能株式総数の4分の1を下回ることはできない）と決まっていて（増資における**4倍ルール**と呼ばれる）、非公開会社ではその制約がないことをあえて示しているのです（4倍以内のケースもある）。これは非上場会社では、経営権を持つ社長の裁量で、効率的に新株を発行できることを意味します。

なお、この定款の表記を「〇倍まで」とした場合、この発行可能株式総数を超える自社株を発行する場合は、株主総会の特別決議で上限を拡大する手続きをとります。

株の額面と発行株数は任意に設定できる

資本金	1株あたりの旧券面額	発行株式数
2,000 万円	500 円	40,000 株
	1,000 円	20,000 株
	10,000 円	2,000 株

・株券は発行しなくてよい

・誰が、どれだけの株を持っているか、「株主名簿」の管理が重要に！

発行株式数は任意に設定できる

会社設立時には資本金の額を定めますが、その資本金額によって発行株式数が決まってきます（上図参照）。例えば創業時の資本金を２０００万円と決め、１株あたりの払込金額（旧券面額）を５００円とした場合を想定してみましょう。この場合、発行株式数は２０００万円÷５００円で４万となり、４万株を発行したことになります。

そして、この４万株を引き受けてくれる相手（自社株の株主）に、引き受けてくれた株数に応じた金額を銀行の口座に振り込んでもらいます。この振り込みによって株主構成や出資割合が決まります。社長が８００万円分（1万6000株）、共同して経営に当たる予定の人が500万円分（1万株）、社長の親が700万円分（1万4000株）としたら、株主構成と出資割合は「社長40%、共同経営者25%、社長の親35%」となります。

このとき非上場会社では、本来であれば、**社長の出資割合は50%を超えていることが望ましい**とされています。これは過半数の株を保有していれば、新たに取締役を選ぶことも解任することも株主総会の普通決議で行えるからです。普通決議とは議決権の過半数を持つ株主が出席し、出席株主の議決権の過半数で決議することです。社長が50%を超える株を持っていれば、株主総会の決議が必要なことも意思決定しやすいのです。

逆に言えば、このケースでは、共同経営者と社長の親が共同すれば、社長を解任することも比較的手軽にできることになります。それだけ経営権が弱いと言うこともできるでしょう。

株主名簿の扱いが重要に

株主が誰であるかが確定できたら、その株主は会社の株主名簿に記載されます。会社としては株主に対して、株主総会の招集通知、増資の際の案内、株の譲渡があった場合の手続きなど各種の事務手続きを行います。これを**株式実務**と言います。また、増資された場合の額は、会計上は資本金に組み込まれます。

なお、先にも述べたように、紙の株券については2004年の商法改正によって原則不発行でよいことになり、2009年の株券の電子化により、すべての会社が紙の株券を発行しなくてよいことになっています。**モノとしての株券がないだけに、自社株においても誰がどれだけの株を持っているかを示す株主名簿の取り扱いの重要性が増している**のです。

理解しておきたい株の発行（増資）・取得に伴う仕訳

ここで、増資したとき、自社株を取得したときの仕訳について念のため理解しておきましょう。新株を発行すれば株主から払込みを受けますが、新株の申込期日までは資本金として処理できず、「株式申込証拠金」として処理します。入金したお金は「別段預金」として記帳し、通常の預金とは区別して処理しておきます（次ページ図のA参照）。

株の申込期日が到来したら、株式申込証拠金を「資本金」に振り替えるとともに、別段預金から当座預金や普通預金に振り替えて、「自己資金」として扱います（次ページ図のB参照）。

新株を発行したときの仕訳

	借方	金額	貸方	金額
A	別段預金	××××円	株式申込証拠金	××××円
B	株式申込証拠金	××××円	資本金 株式払込剰余金	××××円 ××××円

なお、払込み金額の2分の1以下の額は資本金に組み入れないでおくこともでき、その場合は「株式払込剰余金」「資本準備金」として記帳します。いずれも貸借対照表上は「純資産」の部に計上します。

ちなみに、株式募集のための広告費や金融機関等の取扱い手数料など、新株発行のために要した費用は「株式交付費」として記帳します。株式交付費は営業外費用として、もしくは繰延資産として処理します。

また、自社株を取得した場合は、「自己株式」として取得原価で記帳します。自己株式は株主資本から控除し、自己株式の取得に要した手数料は「支払手数料」などとして、損益計算書上の営業外費用として扱います。

2 トラブルを回避する種類株式の知識

自社株といっても株主の権限の違いなどにより、その種類は現在9つあります。これを**種類株式**と呼んでいます。この違いを理解し、どんな種類の株を発行するかが株の発行にまつわるトラブルの回避、すなわち自社株対策につながります。

なお、自社株は「自己株式」といった呼ばれ方もします。実務上は厳密な区分けはありませんが、「自社が発行する株式」を自己株式、「自社が発行し社長が保有する株式」を自社株というケースもあります。本書では「自社株」という表現で統一しています。

では、その自社株の種類を見ていくことにしましょう。

うまく使い分けたい9つの種類株式

❶剰余金の配当順序により種類分けされた株	配当についての優先株、普通株、劣後株
❷残余財産の分配順序で種類分けされた株	分配についての優先株、普通株、劣後株
❸議決権制限株式	株主総会での議決権が制限された株
❹譲渡制限株式	他の人・会社への譲渡が制限された株
❺取得請求権付株式	優先的に自社が取得できる株
❻取得条項付株式	特定の事由があったときに、自社が取得できる株
❼全部取得条項付株式	株主総会の特別決議で全部を自社が取得できる株
❽拒否権付株式	黄金株と呼ばれ、株主総会などの議決を拒否できる株
❾役員選任権付株式	特定の株主総会で役員の選任ができる株

9種ある種類株式の違い

まず、どんな種類株があるか、概略を押さえておきましょう（上図参照）。

❶剰余金の配当の順序の違いによって種類分けされた株

発行する自社株によって、配当優先株式（その年度の配当がなかったときなどに、翌年度の剰余金から優先的に配当を受けられる株式）としたり、配当劣後株式（配当優先株式の逆）としたりできる株のことです。一般的に優先株・普通株・劣後株という呼び方をします。

なお、所有する株主が配当を受ける権利について何ら制限を受けない標準的な株を配当普通株式と言います。

❷残余財産の分配順序によって種類分けされた株

発行する自社株によって、その年度の残余財産について優先して配当を受けられる優先株式、順に普通株式、劣後株式に分けることができます。これも、一般的に優先株・普通株・劣後株という呼び方をします。

❸議決権制限株式

普通株を持つ株主は通常、株主総会において議決権を行使できますが、一部の株の議決権を制限できます。その制限のついた株のことです。

❹譲渡制限株式

株主が他の人や会社に株を譲渡する際には、自社株を発行した会社の承認を得ることなど譲渡制限を設けることができる株のことです。

❺取得請求権付株式

自社が強制的に買い取ることを請求できる株のことです。

❻取得条項付株式

自社に一定の事由が生じた場合に、あらかじめ決めた価格で自社が強制的に取得できる株のことです。一定の事由については定款で定めます。

❼全部取得条項付株式

自社が株主総会の特別決議によって、その株主に発行した株のすべてを取得できる株のことです。

❽拒否権付株式

株主総会や取締役会において決議すべき一定の事項を否決できる株のことです。黄金株とも言います。

❾役員選任権付株式

種類株主総会（ここで挙げた種類株式を発行している会社で、特定の種類株式を持つ株主の総会）において取締役・監査役の選任権がある株のことです。

なお、これらの種類株式の発行では、定款にその内容を記しておかなければなりません。

自社株対策として、どのように活用できるか

種類株式の発行によって、事業承継にまつわるトラブルを事前に回避することもできます。

例えば**拒否権付株式は黄金株とも呼ばれ、黄金株を持つ株主は株主総会や取締役会の重要な議決を否決できます**。そのことにより敵対的な買収に遭ったり、社長解任動議が起こったりしたときなどに否決して会社を防衛できます。ただし、これは重要な議決を拒否・否決できるだけです。黄金株を持つ株主が何らかの議決を自由に決定できるわけではありません。

また、議決権制限株式は株主総会の決議事項に対して議決権のない株ですから、**後継者以外の親族や役員、社員の持つ株を議決権制限株式にすれば、後継者の議決権割合を高めることができます**。そのほか、取得条項付株式を活用すれば、株主である役員や社員が退職したときに、株を社外に流出させず、自社で買い戻すこともできます。

取得条項付株式は一定の事由が生じたときに、自社が強制的に取得できる株で、一定の事由とは、株式の公開、新株の発行のほかにも「会社が定める日の到来」など、定款で任意に定めることができます。後継者への事業承継といった事由も定められるため、事業承継をスムーズに進めることができるわけです。

このような種類株式をどううまく活用するか、定款に盛り込むべき条項や運用の損得もありますので、実際の活用にあたっては税理士や弁護士に相談してみるとよいでしょう。

3 自社株の株主にはどのような権利があるか

株主の権利は「株主総会に出て、その後に配当を受け取る」だけではありません。１人の株主個人の権利だけでなく、それぞれの会社の株主全体が受ける権利もあります。どのような権利があるか、次ページの図を参考にしながら詳細に見ていきましょう。

株主には「自益権」と「共益権」がある

株主の権利は自益権と共益権という２つの面があります。

❶自益権……株主自身が利益・便益を受ける権利

知っておくべき株式の権利

自益権

・利益配当請求権
・株式買取り請求権
・名義書換え請求権
など

共益権

単独株主権

・株主代表訴訟を起こす権利
・株主総会決議の取消訴訟を起こす権利
・取締役の違法行為の差止めを請求できる権利
・株主総会の議事録や取締役会の議事録、株主名簿、決算書類の閲覧・コピーを請求する権利
など

少数株主権

・株主総会の議案を提案できる権利
・取締役・監査役の解任を請求する権利
・株主総会の招集を請求する権利
・会計帳簿の閲覧・コピーを請求する権利
・会社の解散を請求する権利
・M&Aに対して異議を申し立てる権利　など

自益権とは株主個人が利益・便益を受ける権利のことです。配当を受ける権利がその代表例です。

この株主の自益権を細かく挙げると、

・利益配当請求権
・株式買取り請求権
・名義書換え請求権

などがあります。

❷共益権……複数の株主が利益・便益を受ける権利

共益権とは複数の株主が利益・便益を受ける権利です。権利を行使した結果がその株主個人だけでなく、他の株主の利益に影響する権利で、株主総会における議決権がその代表例です。

株主の権利は単独株主権と少数株主権に分けることもできる

株主の権利は、1株でも持っていればその権利を行使できる単独株主権（自益権もそのひとつ）と、一定数の株を持っていることで行使できる少数株主権に分けることもできます。

この面から見ると、共益権には単独株主権と少数株主権の2つの面があります。

❶単独株主権としての共益権……1株でも持っていれば行使でき、複数の株主が利益・便益を受ける権利

単独株主権としての共益権には株主総会における議決権のほか、

- **株主代表訴訟を起こす権利**
- **株主総会決議の取消訴訟を起こす権利**
- **取締役の違法行為の差止めを請求できる権利**
- **株主総会の議事録や取締役会の議事録、株主名簿、決算書類の閲覧・コピーを請求する権利**

などがあります。これらの権利を行使することが、株主が経営に関与すること、経営を監視することにつながっているのです。

❷少数株主権としての共益権……一定数の株を持っていれば行使でき、複数の株主が利

益・便益を受ける権利

少数株主権としての共益権には、

・株主総会の議案を提案できる権利

・取締役や監査役の解任を請求する権利

・株主総会の招集を請求する権利

・会計帳簿の閲覧やコピーを請求する権利

などがあります。また、経営の根幹に関わることですが、会社の解散を請求する権利や会社のM&Aに対して異議を申し立てる権利などもあります。

これらの権利を概観すると、自社株の株主は単に出資して自社の株を持ってもらっているだけでなく、その経営に対して広く深い権利があり、影響を与えていることが理解できるでしょう。だからこそ、事業承継をスムーズに行うには適正な自社株対策をとる必要があるのです。

なお、株主には権利もあれば、責任もあります。その責任については、株を購入するために出資をした金額を超えた責任は負いません。これを**株主有限責任の原則**と言います。

4
最も関心の高い「株主の権利」情報の閲覧・開示請求権とは？

第1章41ページで述べたとおり、株主には「会社の情報を閲覧・確認したい、開示してほしい」といったことを要求する権利があります。

では、具体的にどのような情報（書類）が閲覧・開示の対象となるか、想定される開示理由などを見ていきましょう。

決算書類・株主総会議事録・定款は無条件に開示しなければならない

まず、自社株の株主から閲覧・開示の請求があった際に無条件に開示しなくてはならない書類を見ていきます。

❶決算書類（計算書類等）

決算書類とは貸借対照表、損益計算書、株主資本等変動計算書、個別注記表のことです。

例えば、自社が赤字状態で経営が厳しく、自社株を持っている取引先がそのことを懸念して「決算書類を見せてほしい」と言ってきた場合は、**売掛金の早期回収や買掛金との相殺、与信の見直しなど取引条件の変更を考えていることが想定できます。**

❷株主総会議事録

株主総会の議事録も株主から請求があった際には開示しなければならない書類のひとつです。自社株の株主が「株主総会議事録を見せてほしい」と言ってきた場合は、**総会の開催そのものに不備がなかったか、議事が適正に行われていたか、特定の発言は誰が行ったものかなどを確認するためということが想定できます。**

❸定款

定款も株主から請求があった際に無条件に開示しないといけない書類です。自社株の株主が定款の開示を求めてきた場合は、**取締役の選任や解任の条件はどうなっていたか、種類株式の扱いは適正かなどを確認することが想定できます。**

株主名簿などの開示が拒絶できるケース

1.	権利の確保や行使に関する調査以外の目的で請求したとき
2.	会社の業務を妨げたり、株主の共同の利益を害したりする目的で請求したとき
3.	株主名簿の閲覧や謄写によって知り得た事実について、利益を得て第三者に通報するために請求したとき
4.	過去2年以内に、株主名簿の閲覧や謄写によって知り得た事実を、利益を得て第三者に通報したことがある株主であるとき

正当な理由があれば、開示するのが原則

会社が開示拒否できる書類もある

自社株の株主から開示請求があった場合、一定の条件のもと会社側として開示を拒否できる情報（書類）もあります。

例えば、「株主名簿」は1人の株主が単独で開示を請求できる書類ですが、理由によっては開示請求を拒否できます。その理由とは、上図のとおりです。

また、「会計帳簿」は3％以上の株を持つ株主からの請求ではない場合は拒否できます。

さらに、株主側が裁判所の許可を得て初めて閲覧でき、開示される書類もあります。それは**自社の取締役会議事録**のほか、**子会社の株主総会議事録や取締役会議事録・決算書**

類・会計帳簿・株主名簿です。

知られたら困るわけではないけれど、不用意に知られたくはない。何を確認したいのか気になってしまう……。会社の情報にはこのようなものもたくさんあるでしょう。何を、どう開示していいのか、逆にいけないのかを理解しておくことは、情報流出を未然に防ぐという自社株対策においても重要なことです。

書類から探る開示のやり方と拒絶の理由

株主からの情報の閲覧・開示の請求に応じる際に、書類によって見せる要件が決まっています。書類ごとに見ていきましょう。

❶株主名簿は開示の理由が株主の権利行使のためなら開示しなければならない

株主名簿は原則、会社の営業時間内であれば、株主が求めてきたら開示しなければなりません。原則というのは、株主が開示請求の理由を示すことが要件になっているからです。明確な理由がないような場合は開示しなくてもよいことになっています。

概ね、株主がその権利を行使する目的の場合は開示しなければならないと考えてよいでしょう。例えば取締役の改選期に、株主が一緒になって特定の取締役の再任を拒否したいときは、権利行使の明確な理由があるとして開示しなければなりません。

社長が過半数の株を持っていないと、経営陣を自分の意向に沿った取締役で固めることができにくくなり、さらに株主の反発が強いと株主の意向に沿った取締役に会社（及び取締役会）を乗っ取られてしまう可能性もあります。それを避けるため、少なくとも過半数の株を社長が持っている必要があると言えるでしょう。

❷会計帳簿は3％以上の株主の要求により開示しなければならない

会計帳簿の開示の要件は3％以上の株主の要求であることです。これは、1人で3％以上の株を持っている株主でも、複数の株主が持つ株式数の合計が3％以上である場合であってもかまいません。

議決権のある株であるかどうかにかかわらず、3％以上の株を持つ株主が請求することによって開示しなければならないということです。

株主は会計帳簿の閲覧に際して裁判所の許可を得る必要はありませんが、どんな目的で開示を請求するのかを明示する必要があります。

また、67ページに挙げた開示拒絶事由は法的に限定的に列挙されたもので、これら以外の理由の場合には拒絶できません。株主代表訴訟ができるかどうかの確認や適正な株価であるかどうかを確認するためといった理由の場合は拒絶できないのです。そのため、会社の情報が漏れてしまうリスクは常にあると考えるべきです。

なお、前述のように取締役会の議事録は裁判所の許可を得て開示要求するものです。そのほか子会社の決算書、財務諸表などの計算書類、子会社の株主総会・取締役会議事録、会計帳簿、株主名簿も株主が裁判所の許可を得て開示要求するものです。これは株主である親会社、また、親会社の株主が情報開示請求する場合も同様です。

5

自社株の評価の仕方は適用される法律によって異なる

自社株の額を評価するとひと口に言っても、実は評価の仕方・方法は、適用される法律によって少々異なります。最も典型的なのは相続や贈与の際に評価する財産評価基本通達に規定された手法ですが、法人間で非上場会社の株の売買をするときは法人税法上の評価になります。

評価は相続税、法人税、裁判所の決定などで異なる

自社株、すなわち非公開会社の株の評価は、相続税法上の評価と、法人税法上の評価、および裁判所が決定する評価の3種類に大別できます。それは自社が自由に選べる性質のものでは

なく、その株の評価を行う目的や必要性によって分かれます。

❶相続税法上の株価

これは文字どおり相続時に適用される株価ということです。その評価の仕方は財産評価基本通達によって規定されていますので、相続に限らず贈与や個人株主間の株の売買など、非上場株の財産の額を見定めたいときに使われます。その意味では株の評価の仕方としては最もオーソドックスな方法です。

財産評価基本通達で非上場株は「取引相場のない株式」と規定されていて、その評価額は、次の3種類があります（次ページ図参照）。

・純資産価額

評価した時点で会社が解散したとみなして、その時点での会社の純資産の額（含み益）から1株あたりの評価額を算出します。

・類似業種比準価額

文字どおり同業種の企業の株価と比べて妥当な額を算出します。同業種で比較し得るのは株価が一般的にわかる上場会社で、その上場会社の配当や利益、簿価の純資産額と比較して1株あたりの評価額を算出します。

非上場株の評価法の基本

純資産価額

$$\frac{\text{相続開始時に自社を売却した場合の利益金額（税引後）}}{\text{相続開始時における発行済み株式数}}$$

類似業種比準価額

自社に類似する業種の上場会社の株価 × 配当、利益及び純資産を考慮した割合※1 × 斟酌率※2

※1 配当、利益及び純資産を考慮した割合（比準割合）＝

$$\frac{\dfrac{\text{自社1株あたりの配当金額}}{\text{類似業種1株あたりの配当金額}} + \dfrac{\text{自社1株あたりの利益金額}}{\text{類似業種1株あたりの利益金額}} + \dfrac{\text{自社1株あたりの純資産金額}}{\text{類似業種1株あたりの純資産金額}}}{3}$$

※2 斟酌率＝

大会社 0.7　中会社 0.6　小会社 0.5

配当還元価額

$$\frac{\text{その株式に係る年配当金額}}{10\%} \times \frac{\text{1株あたりの資本金の額}}{\text{自社の1株あたりの額}}$$

法人税法上の株価

1株あたり評価額 ＝ 時価純資産価額 ÷ 発行済株式総数

折り合いがつかないときは裁判所の決定した価額

・配当還元価額

配当が行われていることを想定し、その想定される配当額から1株あたりの評価額を算出します。なお、前ページ図にある計算式の年配当金額とは、「期末直前と期末以前2年間の配当金額の平均」を「1株あたりの資本金額を50円とした場合の発行済株式数」で割った金額です。その額が2円50銭未満となる場合は2円50銭とします。

どの方法で評価するかについては企業規模などによって規定されているため、どの価額が最も低くなる、もしくは高くなるとは一概に言えませんが、計算の根拠からすると純資産価額・類似業種比準価額、配当還元価額の順に評価額が低くなる傾向があります。

❷法人税法上の株価

法人税法上の株価とは法人税基本通達に規定された計算式で得られた価額ということです。自社株を評価する目的からすると、自社株を他社に譲渡する際、または他社が持っていた自社株を買い取る際の株価で、会社規模などにかかわらず時価純資産価額によるのが原則です。

評価方法は相続税法上の株価とほぼ同様ですが、法人税法上は時価による純資産価額(時価純資産価額)になります。時価純資産とは、貸借対照表に載っている簿価の総資産をすべて時価で評価して合計し、同じく時価評価した負債を差し引いたものです。法人間の株の売買は会社の解散を前提としているわけではないので、時価純資産価額は計算のもととなる含み益（含み損）が時価に照らして加減算され、法人税相当額を控除しない額になります（相続税法上は税引後となる）。

単純に言うと、大きな含み損益による実態とかけ離れた株価になることを避け、法人税相当額を控除しない分だけ株価は相続税法上の株価よりも高くなる傾向があります。

❸折り合いがつかないときは裁判所が決定

自社株の株価をいくらにすべきか、売り手・買い手の双方に意見の食い違いがあり決着がつかないケースもあります。その場合は裁判になり、裁判所が決定する株価を使うことになります。

裁判になるケースとしては、

- **譲渡制限株において譲渡承認請求が株主からあったが、その譲渡を自社側としては承認しない場合の買取り**
- **社長に相続があったとき、後継者以外の相続人などに対する株の売渡請求**
- **M&Aなどの組織再編などを行う際に反対株主がいて、組織再編が実現できないような場合の、反対株主に対する買取り請求や少数株主からの強制買取り**

・先代社長の相続における遺留分の算定で、財産の分割協議が成立しないとき

などが想定できます。

株の評価において裁判に発展することは頻繁にはないでしょうから、通常の株式実務においては、例外的な評価ということもできます。

なお、裁判所の決定は、どのようなケースにおいても、基本は事業の価値から企業の価値を算定し、その企業価値から1株あたりの株価を導き出すという方法になります。また、裁判所が株価を決定した場合は、その株価にもとづいた売買や遺留分の支払いなどを行います。

6 原則的評価は、純資産価額と類似業種比準価額の組み合わせ

株価の評価方法は、純資産価額と類似業種比準価額を原則的評価とし、ほとんどのケースで、この評価方式を組み合わせることによって決まります。

その組み合わせ方は、概ね会社の規模によって異なると理解しておきましょう。

会社の規模によって異なる類似業種比準価額

類似業種比準価額は、次ページ図のように**大会社**、**中会社の大・中会社の中・中会社の小**、**小会社**と5段階に分かれます。これらの基準はまず売上高で判定し、続いて総資産価額と従業

類似業種比準価額における会社の規模区分の判定

会社の規模	総資産価額（帳簿価額）			従業員数	売上高（年間の取引金額）		
	卸売業	小売・サービス業	その他の事業		卸売業	小売・サービス業	その他の事業
大会社	—	—	—	70人以上	—	—	—
大会社	20億円以上	15億円以上	15億円以上	35人超	30億円以上	20億円以上	15億円以上
中会社(大)	4億円以上	5億円以上	5億円以上	35人超	7億円以上	5億円以上	4億円以上
中会社(中)	2億円以上	2億5,000万円以上	2億5,000万円以上	20人超	3億5,000万円以上	2億5,000万円以上	2億円以上
中会社(小)	7,000万円以上	4,000万円以上	5,000万円以上	5人超	2億円以上	6,000万円以上	8,000万円以上
小会社	7,000万円未満	4,000万円未満	5,000万円未満	5人以下	2億円未満	6,000万円未満	8,000万円未満

※従業員 70 人以上は大会社

員数で判定します。自社がどの区分に該当するかは、これらの基準のなかで規模の大きいほうを選択します。ちなみに、従業員70人以上は大会社に区分されます。

また、会社区分に応じた評価方式は次ページ図のようになります。

自社がどこの区分に分類され、評価額をどのように算出したらよいか、また、評価額がいくらになるかなどの詳細については、顧問の税理士に確認するのが得策です。ここでは傾向を述べていきましょう。

類似業種比準価額の適用割合は会社規模が大きいほど高くなり、「大会社」では100%、「中会社の中」の会社で75%になります

会社規模の区分に応じた評価方式

会社の規模	評価方式	備考
大会社	類似業種比準価額	純資産価額でもよいケースがある
中会社(大)	類似業種比準価額×90% ＋純資産価額×10%	
中会社(中)	類似業種比準価額×75% ＋純資産価額×25%	
中会社(小)	類似業種比準価額×60% ＋純資産価額×40%	
小会社	純資産価額	類似業種比準価額×50% ＋純資産価額×50%でもよい

（上図参照）。

類似業種比準価額はひと言で述べると上場会社との比較で決まりますが、具体的には前項（73ページ）の計算式のように帳簿上の純資産、配当、利益の3つの要素を比較することで決まります。上場会社の場合、利益の動向に株価が影響されることも多く、大幅に利益がダウンすると純資産価額を判断する会社が解散したときの価値を下回る株価になることも想定されます。このようなこともあり、3つの要素で比較するわけです。

具体的には帳簿上の純資産、配当、利益の3つの要素について比較する上場会社と自社でどんな比率（倍率）であるかを計算し、別途、1株あたりの資本金の額から発行株式数を算出します。そして、先に示した倍率の平均に、発行株式数から算出した1株あたりの平均株価を掛け、会社規模に応じて規定されている斟酌率（大会社 0・7、中会社0・6、小会社0・5）を掛けて株価を算定します。

純資産価額を適用するケース

一方、純資産価額はその計算上、利益の増減は加味されません。単純に解散したときの価値によるので、自己資本と含み益が減少しない限り低下しないのです。ただし、純資産価額が**類似業種比準価額より低くなるケースもあり、その場合は、純資産価額を100%適用してもかまいません。**

原則的な評価といっても、具体的な算出法は複雑です。類似業種比準価額のどの区分が適用されるか、また結局のところ自社株の株価がいくらになるのかなどについては、顧問の税理士に確認しつつ見ていくことをおすすめします。

7 親族外役員、社員株主の株の評価に適用される配当還元価額

原則的な評価ではない方法に**配当還元価額**があります。この方式は解散した場合の企業価値のほか、資産の額や売上・利益といった会社規模にとらわれるのではなく、**純粋に配当したときの価額がいくらであるかを計算**します。

自社株の株主のなかでも親族外の役員である株主、また社員株主などに適用される特例的な評価方式です。その理由は、親族外の役員である株主、また社員株主は実態として経営の意思決定に直接的に関わることはほとんどなく、株主である目的は配当を受け取るためと考えられるからです。

配当還元価額の計算法

$$1株あたり配当還元価額 = \frac{1株(50円)あたりの年平均配当金額^{※}}{10\%} \times \frac{1株あたりの資本金等の額}{50円}$$

$$^{※}1株(50円)あたりの年平均配当金額 = \frac{直前期末以前2年間の配当金合計 \div 2}{直前期末の資本金等の額 \div 50円}$$

（銭未満切捨て）

（留意点）

- 上記※が2円50銭未満の場合（無配を含む）には2円50銭として計算
- 特別配当や記念配当が含まれている場合にはこれらを除いて計算
- 中間配当を行っているケースでは、中間配当額と期末配当額の合計が1年間の配当金額となる

再掲になりますが、配当還元価額の計算方法は類似業種比準価額とは異なり、いたってシンプルです（上図参照）。税法上の規定では「特例的な評価方式」と言いますが、最も簡単な評価方式と言ってよいでしょう。直近2期の平均配当率に1株あたりの資本金等の額を掛け、10％の利回りで割り戻して算出します。

株価を下げたい場合は、2期連続して対応

なお、直近2期の平均配当率を計算の根拠にしているので、株価を下げたい場合は2期連続して配当率を引き下げる必要がありま

す。また、２期続いて配当がゼロになった場合、計算上は株価がゼロになりますが、その場合は前ページ図の留意点に示したように2円50銭をもとに計算し、評価されます。

ちなみに、２００１年10月の商法改正までは自社株に関して額面方式で株を発行することにしていた中小企業も多いでしょう。額面方式とは「１株○○円として発行する」と取り決めて発行することです。ところが２００１年10月の商法改正では、この額面方式による株の発行が廃止されています。

２期続いて配当がゼロになったとき、１株５００円で計算した場合は２５０円になり、１株50円で計算した場合は25円となります。

また、配当還元価額はこれまでの配当を基準に算出しているため、一般的に純資産価額と類似業務比準価額の組み合わせによる原則的評価より低い評価額になります。ところが、まれに配当還元方式の株価のほうが高くなるケースがあります。その場合は、低いほうの原則的評価方式で算出した株価を適用することでかまいません。

8

同族か否か――、自社株の株価は株の取引相手によって変わる

株価は本来、株式市場における需給によって変わります。

ところが、非公開会社の株には株式市場というものはないので、前述した評価方式によって株価が決まります。この評価において非公開会社の株は株主が誰かによって株価が変わることになります。

例えば、**個人株主間の取引の場合は、売る側の株主が誰かではなく、買う側の株主が同族株主かどうかで変わります**（次ページ図参照）。また、法人株主との取引では買う側ではなく、売る側の株主が同族会社かどうかで株価は変わります。

株取引の形態によって変わる自社株の評価

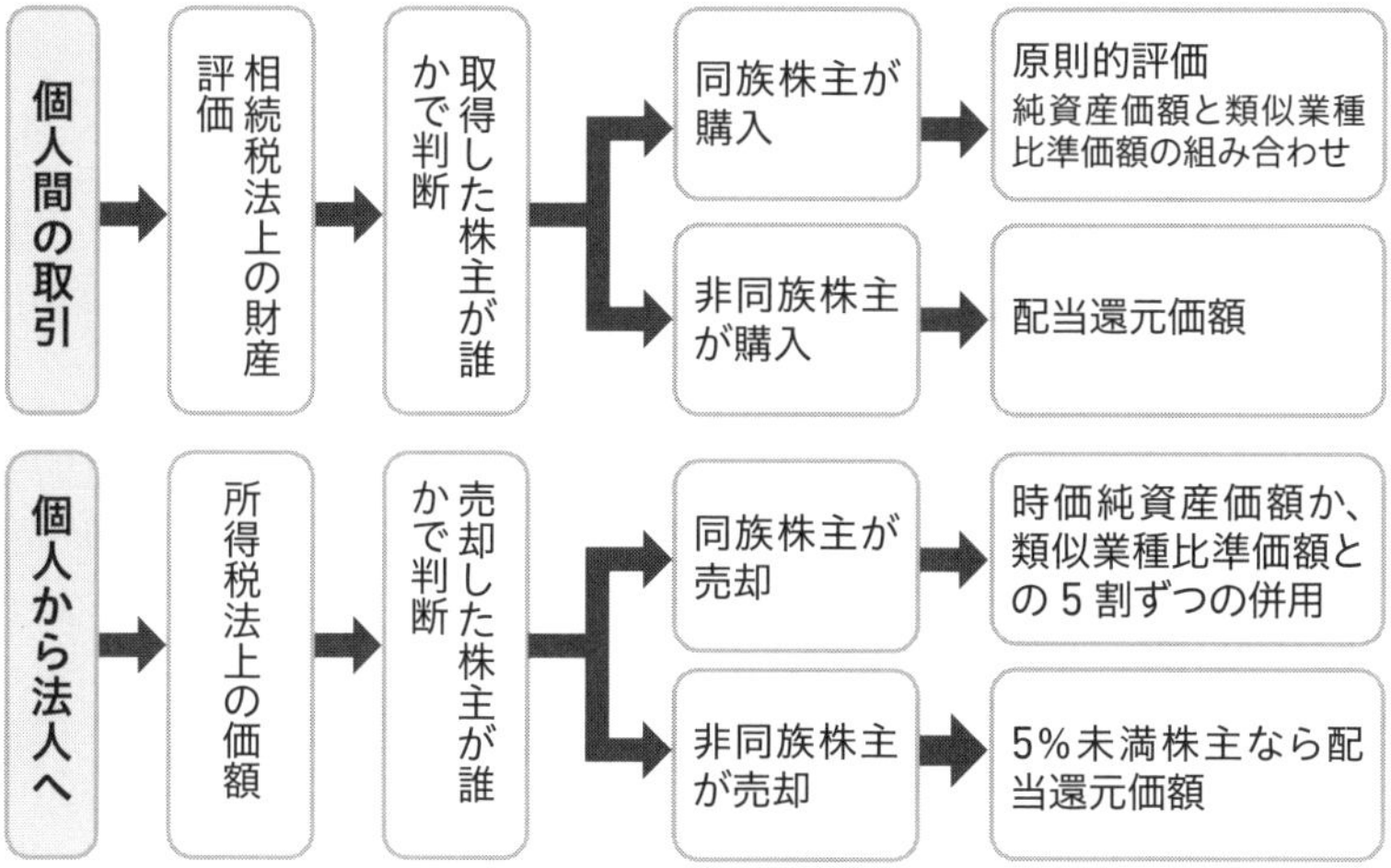

ケース別に見た株価の評価方法

では、ケース別に株価をどう評価するかを見ていきましょう。

❶個人株主間での株の取引

個人株主間の場合は相続税法上の株価が適用されます。すなわち、前述した財産評価基本通達に沿って株価が評価されるわけです。

典型的なケースでは、先代個人が後継者個人に株を譲渡するケースです。この場合、株を取得する後継者は同族であるケースが多く、その場合は、前述した原則的評価が適用されます（77ページ参照）。

ただし、先代個人が兄弟の子ども、いわゆる甥・姪に株を贈与するケースもあります。

この場合、株主になる目的は配当を得ることであるケースが多いものです。そのため、一定の要件を満たすことで原則的評価ではなく特例的評価、すなわち配当還元方式によって計算された株価が適用されます。このため、低い評価額で株を贈与できることも多く、贈与税を低く抑えることができます。

中小企業では、同族から非同族の個人に株を移すケースもあるでしょう。例えば、今後、後継者もしくは後継者を支える重要な役割を非同族の役員や社員に担ってもらう場合に株を移すことが想定できます。この場合も特例的評価（配当還元価額）によって株価を算出します。逆に非同族の誰かから社長が株を買い戻すケースも考えられます。この場合は株を取得したのが同族株主であり、原則的評価で算出します。

なお、非同族株主間で株を取引するケースでは、配当還元価額が適用されます。

❷社長など同族個人が法人へ株を移す場合

株主個人から法人へ株を移す場合は、所得税法上の株価が適用されます。このとき、売主が社長など同族株主の場合は、時価純資産価額か類似業種比準価額との各50％の併用か、どちらかを選択できます。

一方、売主が非同族の株主でその持株割合が5％未満の場合は配当還元価額となります。

column

自社株トラブル
よくあるケース

少数株主からの突然の情報開示請求

■創業からの株主総会議事録を見せろ！

不動産業のG社では、頻繁に仕入れを行う都合上、10年前の創業の頃から多額の借入れを行い、また、多くの知人に出資を求めて事業をスタートしました。ただ近年は、その出資者（少数株主）の数人から、「経営が不透明だ」などと言われ、さまざまな要求を突きつけられていました。株主総会を開けば、議題・質疑に関係のない発言や質問を繰り返して社長や会社を困惑させ、営業中に突然、決算書類の閲覧やコピーを求めてきたり、内容証明郵便で自社物件周辺の環境評価の状況を説明する書類を求めてきたりしていたのです。

少数株主とはいえ自分から出資を求めた相手でもあり、すべき対応を行っていたG社のE社長も困り果ててしまうような状況でした。

その少数株主のなかに相続もあり、相続人の一人は昔の総会屋のような存在ではないか、と思われるフシもありました。また、少数株主のなかには同業他社を営んでいて、業績も順調に伸ばし、かなり成功している経営者もいました。

そうした株主から、「これまでの10年の株主総会議事録を見せろ」と要求があったのです。

■裁判に臨んだから、救われた

G社では株主総会といっても、かたちばかりの会合に株主に集まってもらい、結局、年に1度の知己による会合として、株主はその後の飲食を楽しみにしていた感は否めません。その議事録を見せろと言われても困りますし、急な要求に「何を企んでいるのか」と思う面もありました。

E社長は役員と会社としての対処法を検討したところ、「議事録の閲覧やコピーを拒んだところで、結局、互いに譲れなかったら裁判に持ち込まれる。裁判になったら、株主の正当な権利には対抗できない」ということがわかりました。

少数株主は株主総会の議事録とともに、10年分の会計帳簿や取締役会議事録など、さまざまな資料の閲覧やコピーも要求していました。E社長はおそらく同業他社の少数株主が会社を乗っ取ろうと考えているのだろうと思ったようです。そうでなければ、営業エリアを奪おうと考えていたのかもしれません。

G社では、「会社の重要書類の閲覧やコピーはいったんすべて拒絶し、裁判になった場合はその決定に従う」と決め、弁護士に相談しました。弁護士は、情報開示の理由によっては拒絶できると教えてくれました。

裁判の結果は、株主総会議事録の閲覧は拒絶できないものの、その他の書類、例えば取締役会の議事録の閲覧は株主としての権利を行使する事由にあたらない、すなわち閲覧する必要がないということで開示を拒否できました。

なお、少数株主に同業者がいたことがかえって奏功し、会計帳簿の閲覧請求も拒絶できました。

裁判頼みになれば、G社で対応することはそれほどないと思うかもしれません。しかし、さまざまな情報開示請求から裁判所の決定に至るまで、G社では用意すべき書類の整理に追われ、E社長も役員もほとほと疲れ果ててしまったようです。E社長は「少数株主とはいえ、その権利を甘く考えていた」と反省しています。

第3章

事業承継で
損をしないための
自社株対策の
ポイント

1

定款を戦略的に見直せば、有効な自社株対策になる

自社株の発行の仕方や権利の扱いなどの重要事項は、どんな会社もたいていは備えている定款で定めています。そのため、定款をうまく活用すれば、自社株に関して戦略的な事業承継対策がとれることになります。

自社株対策で定款を見直すポイント

通常、自社株に関して、定款には次のような事項を規定しています。

・取締役の数の上限や取締役の選任・解任条件

・株主総会への出席を含めた株主の権利
・自己株式（自社株）の取得における売主追加請求権の有無
・相続人などから自社株を強制取得できるか否か　など

これらを踏まえ、定款は企業防衛の観点から次の点を見直すことで、より有効な自社株対策につながります。

❶株券不発行会社であることを明示する

今は原則としてほとんどの会社が株券を発行していません。法律上も、それが原則であることを規定しています。ところが、中小企業であっても業歴の長い会社では株券を発行している会社があります。

株券を発行している場合、その発行そのものにリスクが潜んでいると考えることもできます。例えば株券は、それを持っている人が適法な所持人となります。そのため、本来その株券を所持している株主が株券を紛失したのであれば、再発行の手続きが必要です。すると、株券を持っている人は会社に対して譲渡の承認や名義書換の請求ができますから、会社にとっては株が不用意に散逸することにもなり得ます。つまり、再発行手続きそのものがトラブルのもととなるのです。

その点、**定款を見直して株券不発行会社になれば、会社の承認がないまま株の譲渡はできませんし、そもそも株券の散逸ということがなくなります。**

❷株主割当によって募集する株の発行を取締役会の決議で行うように規定する

株主割当とは会社が新株を発行して増資する際に、新株の割当てを受ける権利を既存の株主に与えて行うことです。割当てを受けた株主に申込みや払込みを行う義務はありません。申込みがなければその権利はなくなります。この株主割当による株の発行も本来は株主総会の特別決議が必要ですが、定款の規定を見直すことで取締役会の決議で行うことができます。

中小企業の場合、**取締役会の決議で新株発行の際の株主割当をできるようにすれば、増資する際に株主割合を一定に保ちながら行いやすくなります。**その議決権はもちろんのこと閲覧請求権なども制限できることになり、自社にとって好ましくない株主から自社を守ることにつながるのです。

売渡請求権で直接的に株の散逸を防ぐ

第1章で見たように、業歴が長い中小企業では株主が何回かの相続を重ねると、結果的に自

株の売渡請求権の仕組み

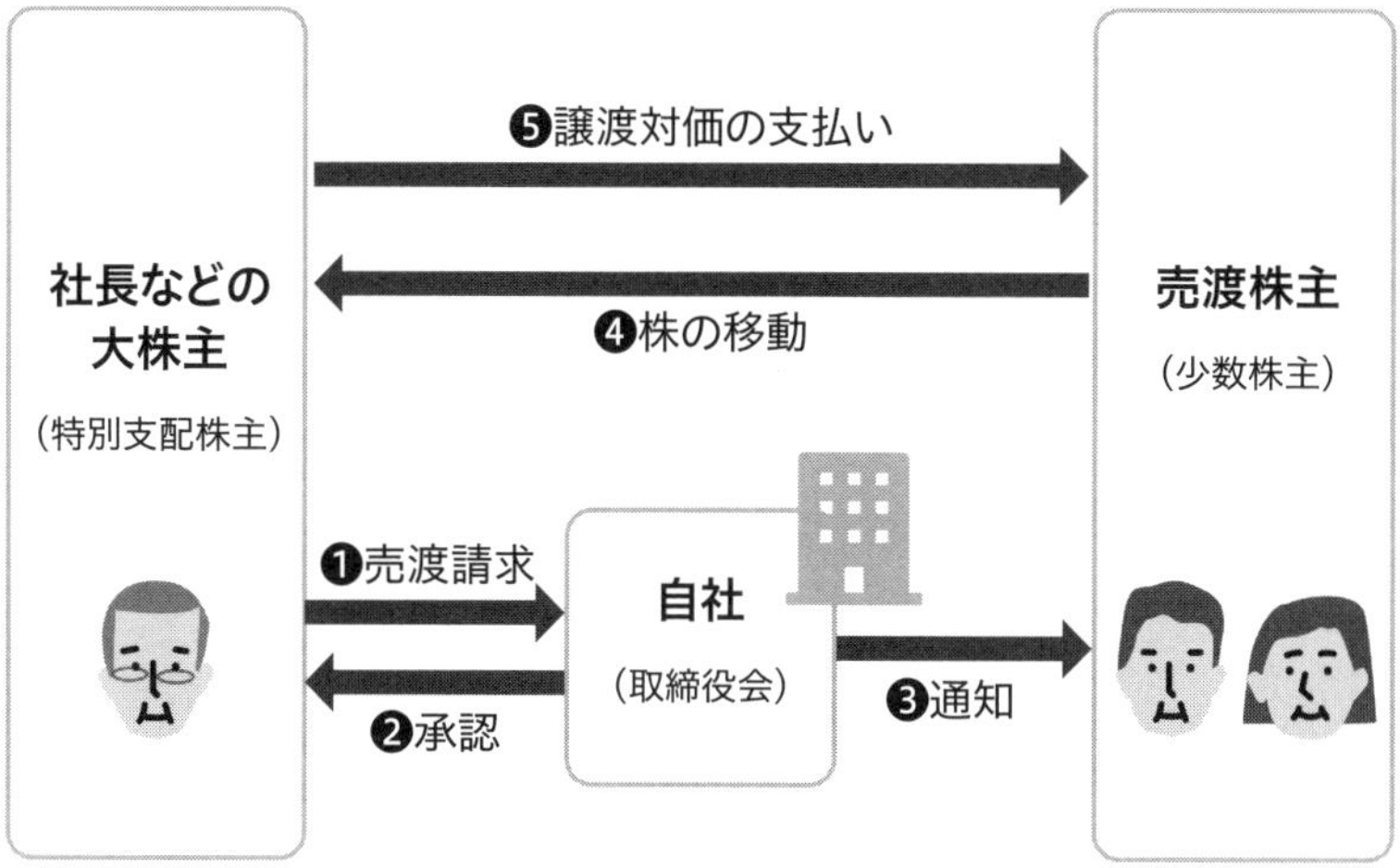

社株が株主の相続によって分散されてしまうケースがあります。

　このことは中小企業にとって大きなリスクです。もともと株に譲渡制限を設けていても、相続は譲渡ではないので、分散は防げません。そのため、それぞれの相続人に相続財産として渡ってしまうのです。

　このような事態を未然に防ぐため、**定款を見直して株に売渡請求権を定めておくことができます**（上図参照）。

　この規定があれば、会社は株主の相続を知った日から1年以内に相続人に相続された株を買い取ることができます。このことにより、自社株の社外への分散を防げるのです。

2

事業承継は相続税を見据えて対策を打つ必要がある

実際に中小企業の現社長が事業承継対策を進めるには、相続税、特に自社株の相続税対策を念頭に置いて進めていくことが大切です。

その手順はどのようなものか、概略を見ていきましょう。

後継者が経営権を維持できる体制をつくる

事業承継後の経営を見据えると、後継者に自社株を集中させて経営権を確立することが大事です。そのためには、後継者に3分の2以上の議決権を持つ株を承継させることが必要です。

方法としては、単純に後継者が自社株を買い取る方法のほか、後継者が経営する自社で買い取る方法、また、新株を発行して後継者に割り当てる方法などがあります。ただ、いずれにしても、現社長が亡くなったとき後継者以外の相続人に株が分散しない自社株対策が欠かせず、第5章で述べる事業承継税制も踏まえた相続税対策も必要です。事業承継税制を活用しない場合も、**相続税の節税は後継者の安定した事業運営の観点から見すごすことはできません。**

実際の後継者選びは冒頭のようにいくつかのタイプがありますが、現実には現社長の子であるケースが多いでしょう。すなわち現社長が他界したときには相続人になる人です。それだけに、相続税の節税を踏まえながらの事業承継対策が必要となります。

親族外の後継者への事業承継では自社株を譲渡するか贈与するかになり、直接的には現社長家族の相続税の問題にはならないかもしれません。それでも譲渡益への所得課税や贈与税の負担を後継者・現社長がともに負うことになり、トータルで節税を考えた対応は欠かせません。

各種の節税を確認しながら対応する

相続税を見据えるということは、実際には各種の節税策をとっておくことにほかなりません。現社長が元気なうちに事業承継を進めるために**自社株を贈与する場合は暦年贈与とするか相続時精算課税制度を利用するかの判断が必要**です。相続税の実効税率より低い贈与税率が適用される金額の自社株を暦年贈与するのがベターで、税理士など専門家のアドバイスをもらいながら計画的に進めていきましょう。

もちろん、相続税・贈与税の納税猶予制度（178ページ）、事業承継税制の利用も念頭に置いておくべきです。そのほか、特定事業用宅地等を相続人である後継者が取得し、そこで事業を続ける場合は、その特定事業用宅地等の相続税評価額が減額されることも理解しておくべきです。

事業承継対策については、税理士をはじめ弁護士などのアドバイスも踏まえながら次ページ図のような事業承継計画を現社長自身が立ててみることをおすすめします（次ページ図はオーソドックスな事業承継を想定し、平成28年度の中小企業庁『事業承継ガイドライン』を参考にしています）。自社株をはじめ事業用の資産の評価額がどのくらいになり、誰に、いつ、どのように承継していくか、業績はどのように推移していくかについてプランを立てておくことで、後継者にとっても「先を見据えた事業承継」であることが理解できるでしょう。

事業承継計画書のひな型と記入例

社名	中小株式会社	後継者	親族内（○）・親族外

基本方針

①中小太郎から長男一郎への親族内承継
②5年目に社長交代（太郎は会長へ就任し10年目には引退）
③10年間のアドバイザーを弁護士と税理士に依頼

	項目	現在	1年目	2年目	3年目	4年目	5年目	6年目	7年目	8年目	9年目	10年目
事業計画	売上高	8億円					9億円					12億円
事業計画	経常利益	3000万円					3500万円					5000万円
会社	定款 株式 その他		相続人に対する売渡請求の導入						親族保有株式を配当優先株式化			
現経営者	年齢	60歳	61歳	62歳	63歳	64歳	65歳	66歳	67歳	68歳	69歳	70歳
現経営者	役職	社長 →	→	→	→	→	会長 →	→	→	相談役 →	→	引退
現経営者	関係者の理解	家族会議	社内へ計画発表		取引先・金融機関に紹介		役員の刷新					
現経営者	後継者教育	後継者とコミュニケーションをとり、経営理念、ノウハウ、ネットワーク等の自社の強みを承継										
現経営者	個人財産の分配						公正証書遺言の作成					
現経営者	持株（%）	70%	65%	60%	55%	50%	0%	0%	0%	0%	0%	0%
現経営者		毎年贈与（暦年課税制度）⇒					事業承継税制					
後継者	年齢	33歳	34歳	35歳	36歳	37歳	38歳	39歳	40歳	41歳	42歳	43歳
後継者	役職		取締役 →	→	専務 →	→	社長 →	→	→	→	→	→
後継者	後継者教育 社内	工場	営業部門		本社管理部門							
後継者		経営者とコミュニケーションをとり、経営理念、ノウハウ、ネットワーク等の自社の強みを承継										
後継者	後継者教育 社外	外部の研修受講	経営革新塾 →	→	→	→						
後継者	持株（%）	0%	5%	10%	15%	20%	70%	70%	70%	70%	70%	70%
後継者		毎年贈与（暦年課税制度）⇒					事業承継税制	納税猶予 ⇒				

補足

・5年目の贈与時に事業承継税制の活用を検討
・遺留分に配慮して遺言書を作成（配偶者へは自宅不動産と現預金、次男・長女へは現預金）
・一郎以外の株主（次男・長女）の株を配当優先株とすることで均衡

※「事業承継ガイドライン」（平成28年12月）をもとに作成

3

生前退職金を利用して株の評価額を引き下げる

事業承継における自社株の扱いについては、株価を引き下げるのが原則です。これは、現社長が生前に後継者に株を贈与したり譲渡したりする場合も、現社長の他界によって相続人である後継者が株を相続する場合も同じです。自社株の株価が低いほど後継者は事業承継をスムーズに行いやすくなり、自社としても資金の流出、納税における負担が少なくて済みます。

ただし、事業用の資産を処分したりすれば株価を引き下げることはできますが、かえって経営が厳しくなり、事業承継がスムーズにいかなくなることも想定できます。また、自社株の評価額が低ければ、現社長が自社株を譲渡して、その資金を老後費用に充てたいと思っていても、十分にその効果が発揮できないこともあるでしょう。

　このように事業承継における自社株対策は〝彼方（こちら）を立てれば此方（あちら）が立たず〟な状況になりやすいため、それぞれバランスを保ちながら、全体として納得できる方法で進める必要があります。

　その方法のひとつが、事業承継時に、引退する社長に生前退職金を支払うことです。

生前退職金で自社株の評価を下げる

　社長への退職金は高額になりがちですが、税法上も認められている計算式によって算出すれば全額が損金として認められます（次ページ図参照）。そのことにより、利益の額が一時的に減ります。すると、自社株の評価額が低くなります。

　その時期を見計らって事業承継を行えば、後継者の負担も減りますし、会社の資金的負担も抑えることができます。また、引退する社長の老後資金も生前退職金が賄ってくれることになります。

　税務上、社長への退職金を損金とするには、実際にオーナー社長が代表取締役を退任し、実質的に後継者に代表取締役が持つ権限を委譲している必要があります。代表権を持ったまま社

生前退職金の算定法

最終月額報酬×役員勤続年数×功績倍率

ex. 200万円 × 30年 × 3倍 ＝ 1億8000万円

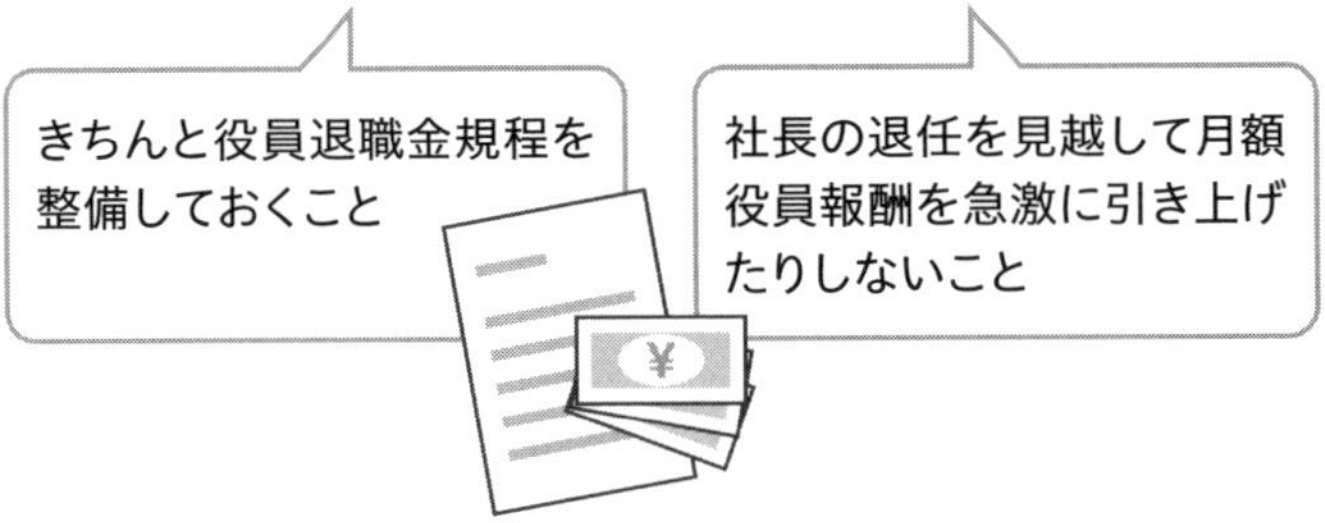
きちんと役員退職金規程を整備しておくこと
社長の退任を見越して月額役員報酬を急激に引き上げたりしないこと
¥

長を引退して会長職に就いたりすると、「代表取締役を退任したとは言えない」として、その生前退職金が損金計上できなくなります。

生前退職金は上図のように、金額的には、最終月額報酬に役員勤続年数と功績倍率（功労加算を含む）を掛けて計算します。

この一般的な退職金の計算式に照らして妥当であるかどうかが問われるわけです。創業者が毎月の報酬が２００万円、役員として30年間務めたとすると、現在、創業者の功績倍率は3倍程度とした場合、**200万円×30年×3倍**で、1億８０００万円が損金として認められ得る社長の生前退職金の額ということになります。

役員退職金規程を整備する

ただし、この額が確実に損金として認められるとは限りません。社長の退任を見越して月額役員報酬を急激に引き上げる中小企業がないとは言えないからです。

このような場合は税務署に過大相当部分を否認されるおそれもあります。また、自社としてはきちんと役員退職金規程を整備しておくことも欠かせません。

税務署の否認を回避するには、きちんと役員退職金規程を整備しておくほか、数年前から適正な役員報酬の額に調整し、かつ社長が元気なうちに事業承継の段取りを進めておくなど、事業承継というイベントに際して準備することが大切です。

4 持株会社を活用して評価を下げる

典型的な事業承継策として、持株会社の活用があります。中小企業においてよく行われる持株会社の活用は、後継者が持株会社を設立し、先代社長が営んできた会社を持株会社が買い取り、その経営権を後継者に移すという方法です。また、現社長が持株会社をつくり、その持株会社に自社株だけを譲渡すれば、社長の持株の評価はその持株会社の株の評価となりますから、評価額を下げることにつながります。

オーナー社長が直接、自社株として保有していた場合、自社株の「含み益」はそのすべてが評価対象となりますが、それに対して、**持株会社を活用して間接的に保有した場合、子会社の株の含み益に係る法人税等相当額が控除されるため、それだけ株の評価の上昇を抑える効果が**

生じます。

この持株会社の活用には、現社長が元気なうちに持株会社を設立する、自社株の一部を引退する社長が持っておく、会社分割など組織再編の手法を活用するなど、いくつかのテクニックがあります。

複数の事業を営む会社には特に有効

次ページ図を参考に、持株会社の活用例をいくつか見ておきましょう。

❶会社分割による持株会社化

まず、会社分割の手法では、複数の事業を営む中小企業であれば、高収益部門を会社分割によって子会社として独立させ、低収益部門が持株会社となります。

オーナー社長は低収益部門の持株会社の株を持っていることになり、単純に自社株の評価を引き下げることができます。子会社として独立した高収益部門の社長を後継者が担えば、事業承継もスムーズに進むでしょう。

会社分割（分社型）と株式交換による持株会社化

❶会社分割(分社型)による持株会社化

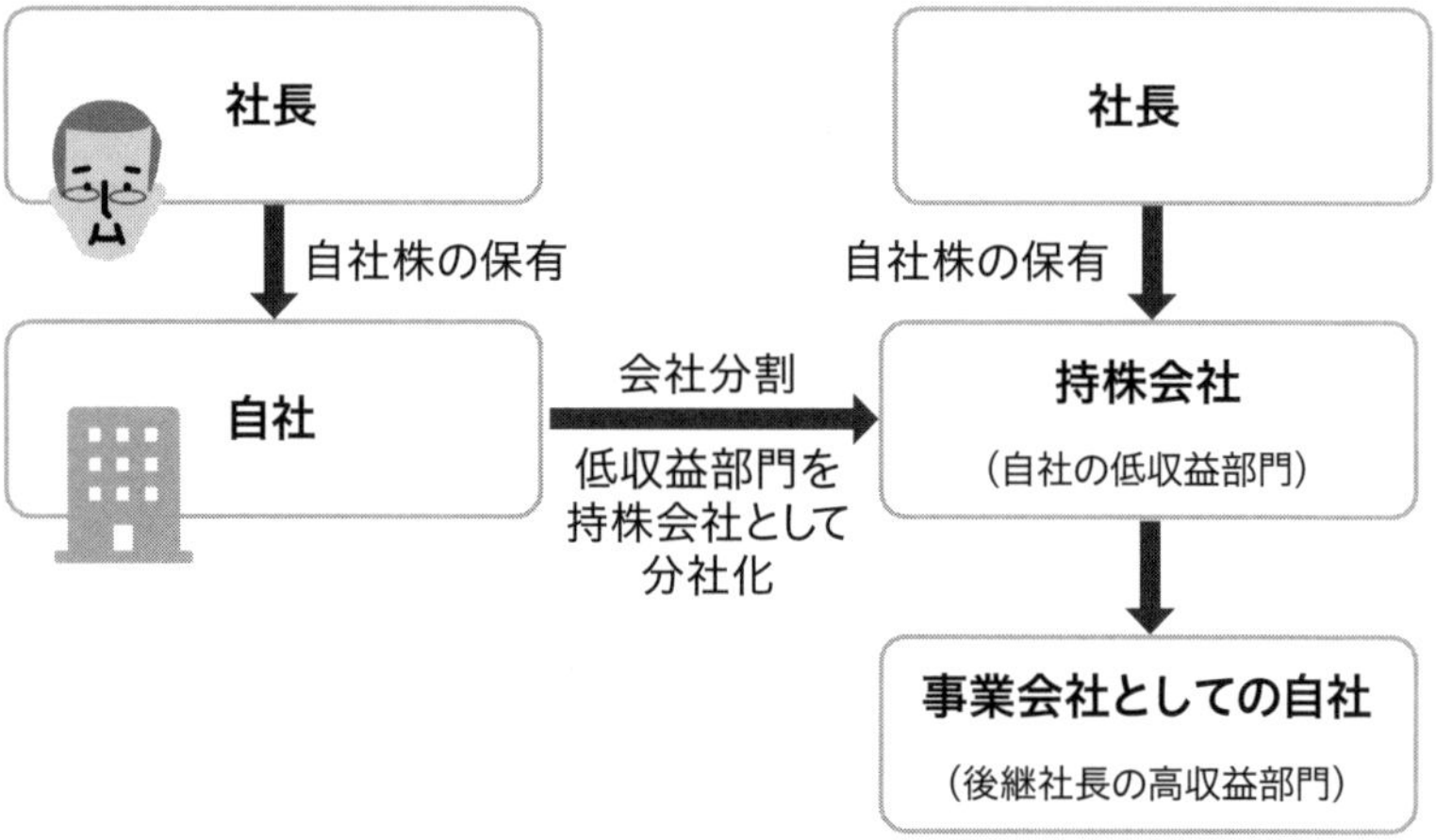

❷株式交換による持株会社化

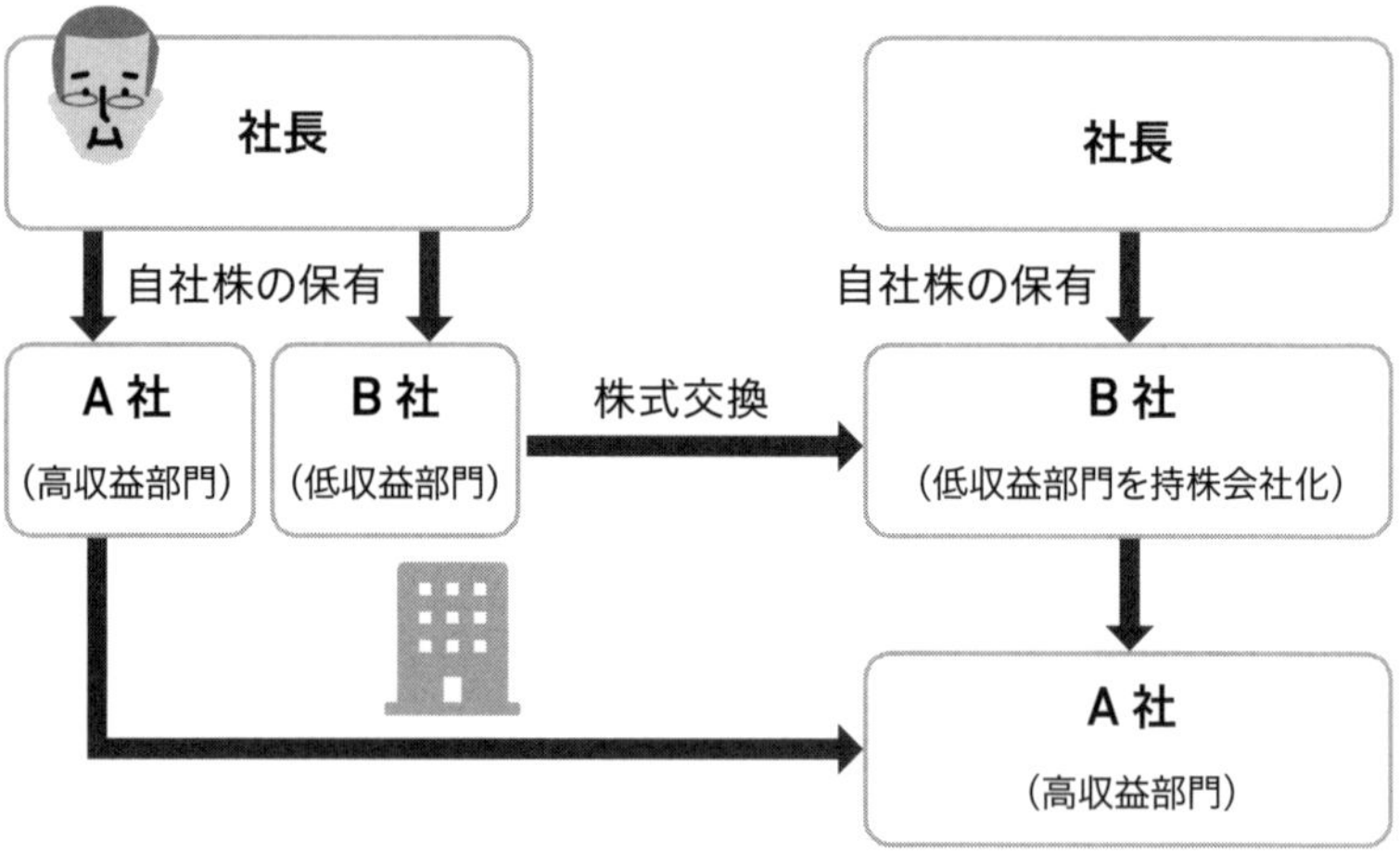

❷株式交換による持株会社化

A社、B社、C社と、いくつかの会社をグループ経営としている会社では、株式交換によって持株会社化ができます。例えば高収益で株の評価額が高いA社を収益が悪く株の評価額が低いB社の100％子会社とすることで持株会社が実現できるので、この場合も、収益が悪く株の評価額が低い会社を持株会社とします。

株式保有特定会社に該当しないように

このような組織再編による持株会社化において注意したいことは、持株会社が**株式保有特定会社**に該当してしまう可能性があることです。

株式特定保有会社とは、各資産を評価した価額の合計額のうち、株の評価額が50％以上である会社のことです。

分社化した高収益部門の規模が大きく、その子会社の株の評価額が総資産の50％以上になると、持株会社は株式保有特定会社となります。すると、純資産価額により評価され、株の評価額が高くなってしまうのです。

子会社の資産を移し、株式特定保有会社にならない方法

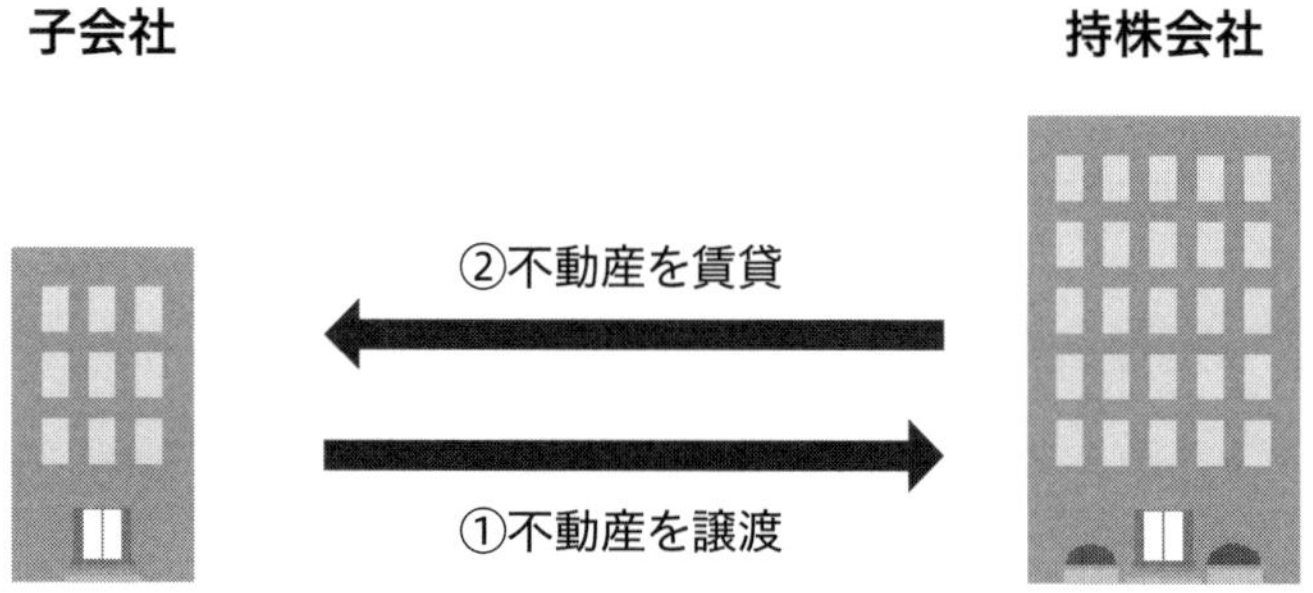

この状態を避けるには、株式特定保有会社にならないようにすることです。

例えば、子会社の不動産を持株会社に移し、子会社に賃貸することにすれば、子会社の資産が減少して純資産価額を引き下げることができます（上図）。持株会社としては株以外の資産が増えますし、不動産賃貸の事業を営むことにもなります。そのことにより持株会社において子会社の評価額が総資産の50％以下になれば、株式特定保有会社になりません。

株式特定保有会社でなければ、その子会社の株は原則的評価方式である類似業種比準価額での評価になります。

5 従業員持株会に自社株を譲渡して評価を下げる

自社株の評価を引き下げるために、従業員持株会に現社長の株を譲渡する方法があります。これを、後継者が自社株を現社長から贈与されるケースで考えてみましょう。

このとき、贈与を受ける株式数が減れば、評価額の合計額が減少することになります。仮に評価額が100万円の株を300株発行し、そのすべてを現社長が持っていたとしましょう。社長の自社株の評価額は100万円×300株で3億円になります。ここで社長の自社株を100株減らせば1億円、200株減らせば2億円……と大きく評価額を引き下げることができます。すると、贈与税額も当然ながら引き下げることができます。

その評価額を引き下げる分の株を従業員持株会社に譲渡するのです。譲渡先を後継者にする場合は後継者の資力が問題になってきますし、第三者に譲渡すればその後の経営への介入も懸念されます。そこで従業員持株会という民法上の組合をつくり、**その従業員持株会に社長の持株の一定割合を譲渡すれば、後継者への事業承継がスムーズに進みやすくなります。**後継者も思い切った経営が実現できるでしょう。

従業員持株会への株の譲渡は配当還元価額で

従業員持株会を設立する場合、まず従業員が持株会にお金を拠出し、従業員持株会が自社株を購入します。現社長から自社株の譲渡を受けるわけです（次ページ図参照）。従業員持株会を組織する従業員としては、拠出の対価として奨励金といったお金を受けるケースもあり、従業員持株会には現社長から自社株を譲渡されて以降は配当が入ります。

この従業員持株会に現社長が株を譲渡する場合の株の評価は、ほとんどの場合が配当還元価額です。そのため実質的に現社長が受ける株式の譲渡益はゼロに近くなるでしょう。現社長としては、**譲渡益に対する課税を受けずに株を譲渡でき、低額とはいえその譲渡益そのものを受けることができる**わけです。

従業員持株会への自社株対策の仕組み

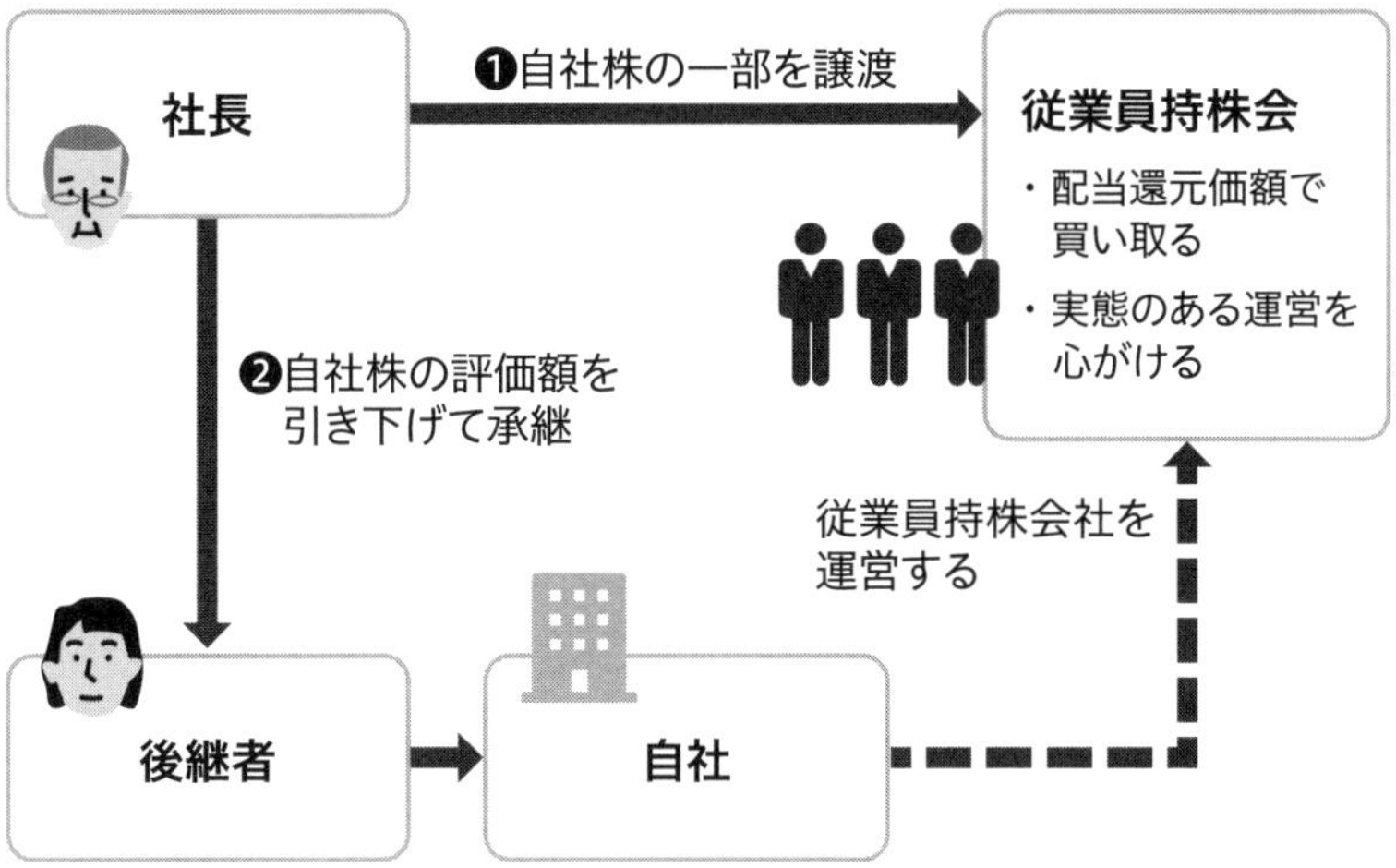

従業員から見れば、従業員個人が自社株を保有しているわけではありません。そのため、従業員持株会において、例えば自社株が株券としてある場合は持ち出しの禁止、退職時の譲渡制限、などを設けることができます。従業員の退職時、自社株を従業員持株会が買い取る場合も配当還元価額で算定すると規定しておけば、安価で買い戻すことができます。

なお、従業員持株会の運営はその会社の総務部門などに担ってもらうケースが多いでしょう。事業承継後も会社では適切な配当を行い、従業員持株会としては適正な株式実務を行います。そのように経営の維持と従業員持株会の維持のバランスを保ちながら実態のある運営をしていくことが大切です。

6

社長が自社株を自社に売却した場合の経理処理

単純に自社株の評価を引き下げることとは異なりますが、事業承継ではさまざまな株の移動がともない、そこには課税や経理処理が発生します。その典型例として、社長個人が自社に自社株を売却するケースでの課税関係・経理処理を考えてみましょう。社長としては、これまで所有していた株の譲渡益を引退後の生活費に充当することができます。

なお、このようなケースでは、例えば、

・社長以外の個人株主が事業承継を機に株を売却したいと言ってきた
・後継者が予定していた株を譲り受けることは負担も大きいので、または別の入り用があったため、いったん会社にその売却を求めてきた

非上場株式の配当と譲渡損益への課税の仕方

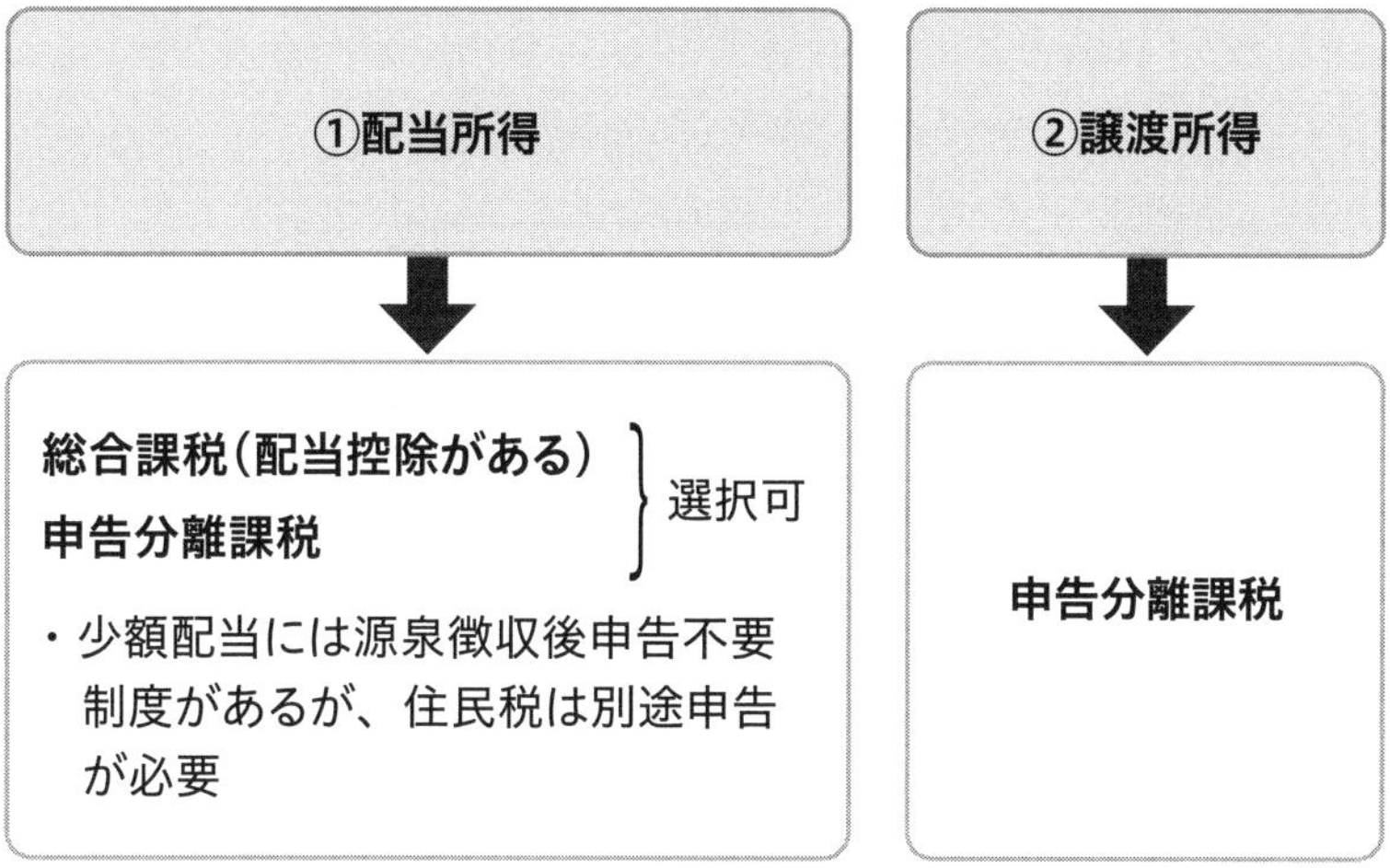

といったことも想定できます。その場合の課税関係も同様です。

社長が自社株の売却で得た所得は譲渡所得と配当所得に

わかりやすいように、例えば、１株あたり５００円だった自社株が１株10万円の評価額となり、それを社長が２０００株、自社に売却したとしましょう。この場合、社長の１株あたりの売却代金（自社にとっては購入代金）10万円のうちの資本金部分、すなわち出資した部分の譲渡価額は５００円で、配当所得部分は９万９５００円となります。

このように、**社長が得られる譲渡益につい**

社長から自社への自社株の譲渡に関する課税計算

500円の自社株を10万円で評価し、2000株譲渡した場合

⑴社長から自社への自社株の譲渡による社長の譲渡所得

資本金部分（出資した部分）	500円×2000株＝100万円
取得価額	500円×2000株＝100万円

↓

差し引きゼロ（譲渡損益がゼロ円で課税はなし）

⑵社長から自社への自社株の譲渡による社長の配当所得

（10万円－500円）×2000株＝1億9900万円
（自社の利益剰余金のマイナス部分）

↓

1億9900万円の配当所得に課税

ては譲渡所得と配当所得に分けて考えるのです（前ページ図参照）。

　この課税額を計算すると、資本金部分の譲渡では、譲渡価額が５００円×２０００株で１００万円であるのに対し、その取得価額も５００円×２０００株で１００万円であり、株の譲渡損益に関しては差し引きゼロ円となります。そのため、譲渡所得に関する課税は発生しません（上図参照）。

　一方、配当所得すなわち社長が自社株を自社に売却することによる自社の利益剰余金のマイナス部分は、９万９５００円×２０００株で、１億９９００万円になります。

　この金額を社長は配当所得として受け取ったことになり、その配当所得に対して課税されるわけです。

また、社長以外の個人株主が自社に自社株の売却を求めてきた場合も、社長のケースと同じです。自社株を購入する会社としては、利益剰余金を払い戻したことになり、純資産の額がその分だけマイナスされます。また、個人株主にとっては、その額をもともと出資した部分と出資後に配当を受けた部分に分けて計算することになります。

ちなみに個人株主の非上場株式の譲渡において譲渡所得、配当所得が発生している場合は所得税が発生しますが、所得税法上はその扱いが異なります。譲渡所得については原則、他の所得とは合算せず、その所得単独で税額を分離して計算する分離課税であり、配当所得は各種の所得金額を合計して所得税額を計算する総合課税です。

後継者が自社株を自社に売却した場合は？

後継者が社長から譲渡されていた株の一部を自社に売却したいと申し出てくるケースもあります。理由としては後継社長となったあと、個人で資金が入り用になったということもあるでしょうし、会長に退いた先代社長が経営の方向性として「社長は自社株を持ちすぎないほうが

後継者から自社への自社株の譲渡に関する課税計算

500 円の自社株を 10 万円で評価し、2000 株譲渡した場合

(1)後継者から自社への自社株の譲渡による譲渡所得

資本金部分（出資した部分）　500円×2000株＝100万円
取得価額　(500円−10万円)×2000株＝▲1億9900万円

⬇

1億9900万円の譲渡損で課税はなし

(2)後継者から自社への自社株の譲渡による社長の配当所得

9万9500円×2000株＝1億9900円

⬇

譲渡損と配当所得は通算できず、
1億9900万円の配当所得に課税

よい」と考えることもあり得ます。

前述した「社長が自社株を自社に譲渡した」と同様の金額で考えてみます。後継者が先代社長から1株あたり500円の自社株を1株10万円で評価され、その評価額で譲り受けていたとします。後継者はその株のうち2000株を1株10万円で自社に譲渡したとします（上図参照）。

譲渡と配当に分けて考えると、1株あたりの譲渡価額は500円であり、配当金額は9万9500円です。そして、譲渡の損益は譲渡価額500円から取得価額10万円を差し引いたマイナス9万9500円に2000株を掛けて、1億9900万円のマイナス。すなわち大きな額の譲渡損が発生したことになります。一方の配当所得は1株9万9500円の配当に2000株を掛けて、1億9900万円となります。

ただし、個人株主が自社に自社株を売却した場合、原則、譲渡損と配当所得は通算できません。「差し引きゼロ」というわけにはいかないのです。**譲渡損については課税されませんが、配当所得には課税されてしまいます。**

このことを後継者から見れば、自社株を売却してお金自体は入ってくるが、課税上の通算はできず、配当所得に課税されてしまうことになります。

7

法人株主が自社株を売却したいと言ってきた場合の課税関係

事業承継に関連して、法人株主が自社株を売却したいと言ってくるケースがあります。いわゆる株の持ち合いを行なっていた親しい会社が、その関係は変わらないまでも、株の持ち合いを解消したいと思って申し出るケースもありますし、ずっと株主であった企業側で後継者に事業承継する際に株を整理したい、また、理由はよくわからないけれど、その法人に資金需要が発生したなど、ケースはさまざまです。

このとき、自社株を売却したいと言ってきた法人は、個人株主よりも課税上は有利に扱われます。

売却する法人は持株比率により非課税の基準が変わる

法人株主から自社株を自社に売却する場合、法人株主はその配当所得を受け取りますが、配当所得については相手の法人株主が持つ自社株の持株比率により、次のように非課税（益金不参入）の枠が異なります（次ページ図参照）。

❶法人株主の持株比率が5％以下の場合

⇓配当所得のうち20％が非課税になります。

❷法人株主の持株比率が5％を超え、3分の1以下の場合

⇓配当所得の50％が非課税になります。

❸法人株主の持株比率が3分の1を超える場合

⇓配当所得の全額が非課税です。

なお、売却したいと言ってきた法人が自社株のすべてを所有しているように法人間が完全支配関係にある場合は、グループ法人税制が適用されます。すなわち100％の資本関係にある法人間で行なわれる一定の資産譲渡や寄附、配当、株式の発行法人への譲渡などについて、税務上は損益を認識しないこととされ、配当所得は全額が非課税となるわけです。

法人間の自社株譲渡における配当の扱い

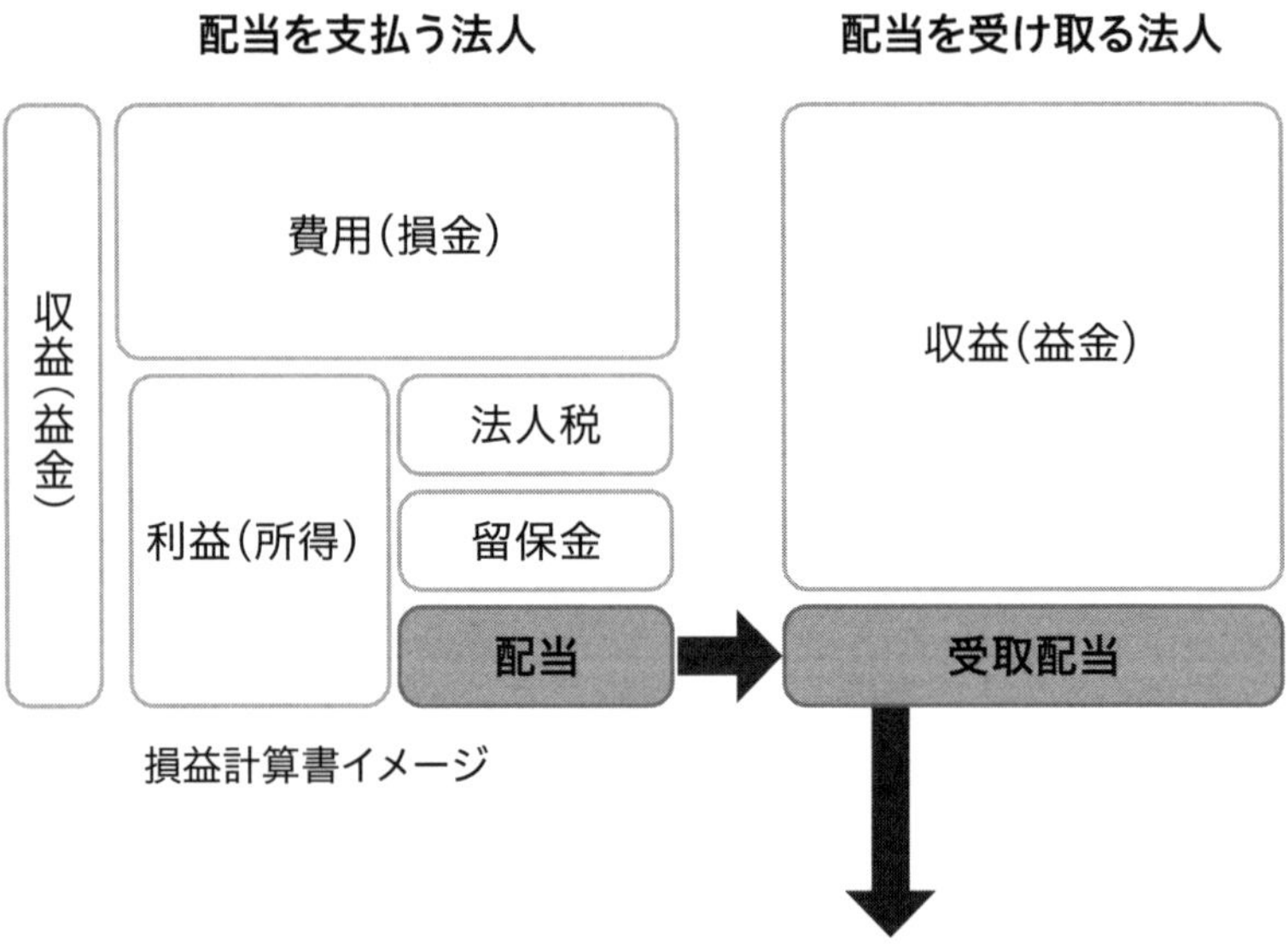

持株比率に応じた非課税割合

持株比率	非課税割合（益金不参入）
5%以下	20%
5%超　1/3以下	50%
1/3超	100%

法人間での自社株の譲渡損益は他の所得との損益通算もできる

次に、譲渡損益の課税について見てみましょう。

個人株主が自社株を自社に売却して譲渡損が出た場合、個人株主は配当所得との通算はできませんでした。ところが、**法人株主が自社株を自社に売却して譲渡損が出た場合は、原則として譲渡損と配当所得は通算できます**。また、法人のこのケースでの譲渡損は他の所得との損益通算もできます。

例えば、法人からの自社株の譲渡で配当所得が全額非課税だったとします。すると、そこに課税は生じないので、譲渡損だけが残ります。その場合も他の所得との損益通算ができ、それだけ所得を減らせることになるのです。

なお、法人間が完全支配関係にある場合は、譲渡所得は非課税になりません。租税を回避する目的が強い可能性があるためです。

8

自社株の買取り価格でもめたときは裁判所に決定してもらう

株の買取り価格で売主と折り合いがつかず、交渉が難航するケースがあります。自社と売主、互いに譲れないものがあれば、前述のように最終的には裁判所に評価額を決めてもらうしかありません。

その裁判所が決める価格は、税法上の評価額とは異なるケースもあり得ます。簡単に納得できかねるケースもあり得ますが、裁判所に妥当な買取り価格の判断を委ねた以上、その決定に従わないといけません。

価格決定の申し出ができる4つのケース

自社株の買取り価格に関して、裁判所に価格決定を申し立てることができるケースを順に見ていきましょう。

❶譲渡制限付きの株の譲渡承認請求を買い取るべき自社が承認しない場合

譲渡制限付きの株は自社か自社の指定する買取り人が買い取らなければなりません。しかし、買取りのための資金的な事情などにより、承認できないケースもないとは言えません。

そこで買取り金額について折り合いがつかない場合は、裁判所に価格決定の申立てを双方が行うことができます。

❷相続の発生で譲渡制限付きの株を取得した相続人に、自社が株の売渡請求をした場合

このようなケースでは、相続人が株を自社に売り渡さないといけないのですが、その価格をめぐって折り合いがつかないケースもあります。そのような場合は、自社は裁判所に価格決定の申立てができます。

❸自社のM&Aなどに反対する株主が自社に対して株の買取り請求権を行使した場合

ここで言うM&Aは、合併や会社分割、株式交換、株式移転による組織再編や事業譲渡など

の総称です。こうしたM&Aに反対する株主は、最終的に自社株を自社に買い取ってほしいと要求し、その段階で価格について折り合いがつかないケースが想定されます。このような場合も裁判所に価格決定の申立てができます。

❹少数株主を締め出すために少数株主が保有する株を強制的に買い取る場合

少数株主を締め出すための行為の典型例は141ページ以降で述べるスクイーズアウトです。端的に言うと、例えばこれまでの100株を1株とみなすことにすれば、100株未満を所有する株主は1株未満しか所有していないことになり、そのことにより少数株主として締め出すことができます。

このスクイーズアウトの際には種類株式の発行や定款の変更が伴いますが、そのことに反対する株主に対して自社株の強制買取りを行うケースもあるでしょう。そこで価格について折り合いがつかなければ、裁判所に対して価格決定の申し立てできます。

裁判所はどのような方法で価格決定するのか

裁判所の価格決定にも次ページ図のように一定の基準があります。その概要だけでも理解し

裁判所の自社株の価格決定方法

純資産価額方式	・企業の時価による純資産に着目して、その価値や株価などを算定する方法
収益方式	・企業の収益や利益に着目して、その評価や株価などを算定する方法。収益還元法とＤＣＦ法に大別される ・収益還元法は、過去の決算数値などから将来予想される収益を推計し、現在価値に割り戻して株価を算定する ・ＤＣＦ法は企業が将来獲得するであろうキャッシュフローを現在価値に還元する方式
配当還元価額方式	・将来期待される配当金額にもとづいて株価を算定する方式
類似会社(類似業種)比準価額方式	・業種、規模等が類似する上場会社や、同じ業種の上場会社の平均とを比較して、企業価値や株価を算定する
併用方式	・各種の方式を一定のルールで組み合わせて企業価値や株価などを算定する。裁判所の決定方法の主流と言ってよい

ておくことは、そもそも裁判所に申立てをしたほうがいいのかどうかを考えるうえで得策と言えるでしょう。

裁判所は主に、支配株主か少数株主かによって、次に挙げる方法で自社株を評価します。

❶申し立てた株主が株の過半数を持つ支配株主の場合

この場合、前ページ図の収益方式で価格を検討します。

まず、将来のキャッシュフローの総合計を現在価値に割り引くことによって自社の事業価値を算定します。その事業価値から企業価値や株主価値を算定していく**DCF法**という評価方法をとります。

また、直近の3~5年程度の実績が将来も続くと仮定し、その企業の事業価値を算定してから企業価値、株主価値を導く**収益還元法**から検討していくこともあります。

これらを収益方式と呼ぶこともありますが、断定的に判断できない面もあります。そのため、法人税法上の時価純資産価額と併用することも行われています。

❷申し立てた株主が少数株主の場合

一方、少数株主の場合は、期待配当が将来も続くと仮定したうえで、配当金額を一定の割引率で還元し、元本である株式の価額がいくらであるか算出する**配当還元価額方式**や**時価純資産**

価額方式との併用により株価を算定します。

この期待配当については、将来も自社がまったく成長しない（ゼロ成長）と考えるのが基本ですが、自社の成長に伴って配当も同様に高まっていくとする考え方もあります。後者の考え方はゴードンモデルと呼ばれています。

裁判所は売主・買主双方の立場で評価

実際には121ページで述べた、**譲渡制限付きの株の譲渡承認請求を買い取るべき自社が承認しない場合**の自社の買取りにあたって裁判所に価格決定の申立てを行うケースが多いのですが、どのような場合も裁判所は売主・買主双方の立場を尊重します。すなわち自社の立場からの株の評価額と相手の立場からの株の評価額の折衷案で価格決定します。

このケースで買い手である自社には、通常、オーナー社長などの支配株主が存在します。そのため、前述の支配株主としての評価方法であるDCF法や収益還元法、または時価純資産価額方式を併用した方法で評価額を算出します。

一方の売り手側は少数株主か支配株主に準ずる株主（支配的株主）か、またはその中間的な存在の株主かによって評価方法が異なります。少数株主の場合は配当還元価額方式が使われることが多く、支配株主に準ずる株主の場合は支配株主に準じて、ＤＣＦ法か収益還元法、または時価純資産価額方式との併用が用いられます。

なお、支配株主ではなく、少数株主とも言えない中間的な株主の場合は、支配株主の評価と少数株主の評価を併用するケースが多いようです。

このように売主・買主双方の立場を考慮しますが、裁判所が価格決定したあとは、その決定額によって買取りしなければなりません。

9 譲渡制限付き株式の譲渡承認・不承認のスケジュール

買取り価格でもめる場合、譲渡制限付きの株について譲渡承認請求をあいまいに考えていたケースが多いものです。そのようなトラブルを避けるためにも、次ページ図を参考に譲渡承認のタイムスケジュールを確認しておきましょう。

譲渡承認の通知は2週間以内に行う

一般に、自社株については自社の承認を得なくとも譲渡できます。ただし、譲渡制限付きの株を譲渡する場合、株主は、その承認請求を自社に行うことになります。これが譲渡承認請求

譲渡承認請求と不承認の場合の手続き

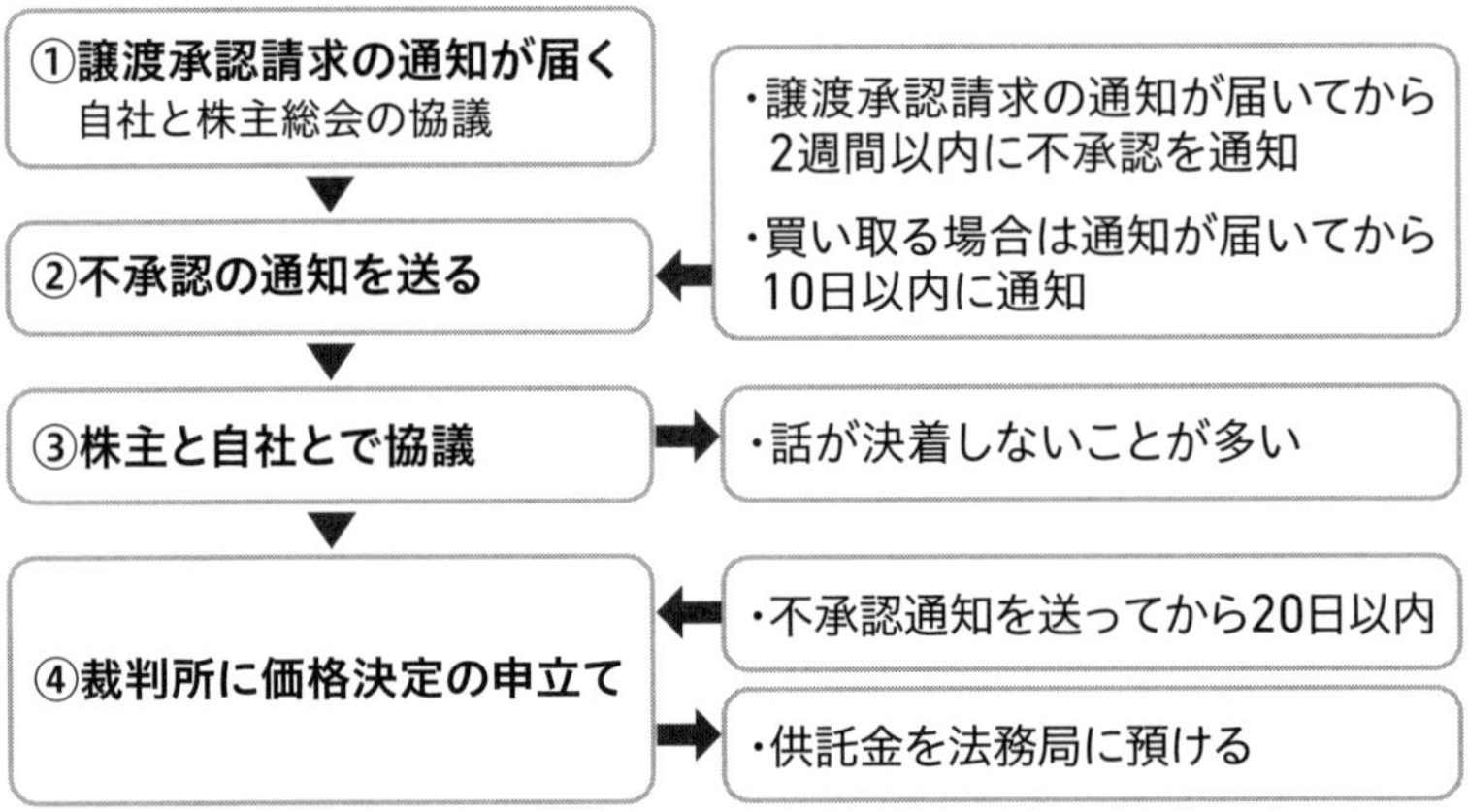
①譲渡承認請求の通知が届く
自社と株主総会の協議
②不承認の通知を送る
③株主と自社とで協議
④裁判所に価格決定の申立て
・譲渡承認請求の通知が届いてから2週間以内に不承認を通知
・買い取る場合は通知が届いてから10日以内に通知
・話が決着しないことが多い
・不承認通知を送ってから20日以内
・供託金を法務局に預ける

裁判所に申立てを行わなかった場合、供託金で買い取る

です。

自社としては譲渡承認請求があった場合、承認か不承認の通知をしなければなりません。その期限は2週間。2週間以内に請求のあった株主に対して承認・不承認の通知が届くようにします。

2週間以内に承認・不承認の通知が株主に届かなかった場合は、承認したものとみなされます。ここで、「譲渡承認が得られている、承認はしていない」といったトラブルも発生しがちなので注意しましょう。

譲渡制限付きの株は譲渡の不承認を株主に通知した場合、自社もしくは自社が指定した買取り人が買い取らなくてはなりません。

自社が買い取る場合は相手の株主に、10日以内に届くように通知します。自社が指定した買取り人の場合は、自社ではなく買取り人本人が10日以内に相手の株主に通知します。実務上、指定買取り人は社長もしくは買い取るだけの資金を持っている社長の近親者である場合が多いようですが、指定した買取り人が10日以内に相手の株主に通知せずにトラブルに発展するケースもあります。

そして、譲渡不承認の通知を相手の株主に通知した場合は、会社と不承認の通知を受けた株主とで協議します。協議がまとまれば、その金額で自社が買取り、協議がまとまらなければ20日以内に裁判所に価格決定の申立てをします。このようなスケジュールで裁判所の価格決定に進んでいくのです。

なお、裁判所に価格決定の申立てを行わなかった場合は、どのようになるのかにも触れておきましょう。実は株主に自社もしくは指定買取り人が買い取る旨の通知をした段階で、1株あたりの**簿価純資産価額×株式数の額を供託しなければならない**ことになっています。その供託金で買い取るということになります。事実上、簿価純資産価額が買取り額になるわけです。

10

組織再編、M＆Aに反対する株主の買取り請求権と請求額の算定法

裁判所の価格決定では、組織改編をはじめM＆Aに反対する株主が買取り請求権を行使するケース（121ページ❸）もあります。このことに関して、自社としては企業防衛の観点から、「株主総会で反対するだけでは買取り請求権を行使できず、買取りに応じる必要はない」ことを押さえておきましょう。

自社株の買取り請求に応じる必要はないケースとは？

組織再編や事業譲渡などを含めM＆Aに反対する株主は、自社に対して自社株の買取り請

M&Aなどに反対する株主の買取請求権への対応

①M&Aへの反対の表明 ◀ 株主総会の前に

②反対する株主との買取額等に関する協議 ◀ M&Aなどの効力が発生する前日まで

③裁判所への価格決定の申立て ◀ M&Aなどの効力が発生して60日以内に！

求を行うことができます。自社はその請求があれば、公正な価格で買い取る義務が生じます。ただし、この請求は株主総会で反対の議決権を行使する前に、自社に対して反対の通知を行う必要があります（上図参照）。

この**反対株主の義務を怠れば、自社としては反対の議決を受け入れる必要はなく、公正な価格で買取りに応じる義務も発生しません。**反対株主としても、裁判所に価格決定の申立てができません。

なお、これは議決権のある株を持つ株主についての要件です。議決権のない株を持つ株主や簡易な組織再編で株主総会での決議が不要な場合は、反対の通知をしていなくても、原則的にすべての株主に買取り請求権が認められています。

いずれにせよ、買取りの請求があれば、自社と売り手の株主の間で、いくらで買い取るかを協議することになります。その期限は、組織改編などM＆Aの効力が発生する前日までです。そして、その協議で折り合いがつかなければ、さらに、そのM＆Aなどの効力の発生後60日以内に裁判所に価格決定の申立てを行う必要があります。

なお、このケースでの裁判所の価格決定については、買い取る自社に支配株主がいることを前提としています。また、すべての株主の重大な利害に関わり、反対株主も公正な価格での買取りを認めているため、裁判所はＤＣＦ法か収益還元法（１２３ページ参照）で評価することになっています。

11 法人間の株の持ち合いを解消する際の手順

これまで株の持ち合いについては何度か述べてきましたが、2006年5月に最低資本金制度が廃止になるまでは、株式会社を設立するには1000万円以上の資本金が必要とされ、そのため会社設立時に出資を募り、株を発行するケースがよく見られました。そのほか、中小企業でも企業同士の取引や絆を強化する意味もあり、法人間の株の持ち合いは一般的に行われていました。ところが今日、企業設立時もその後の取引関係の強化においても株の持ち合いを続ける意義は薄れ、むしろ持ち合いを解消する動きが徐々に高まってきています。

では、そもそも株の持ち合いはどのようなメリットやデメリットがあるのかを見ていきましょう。

議決権の行使ができない株の持ち合い

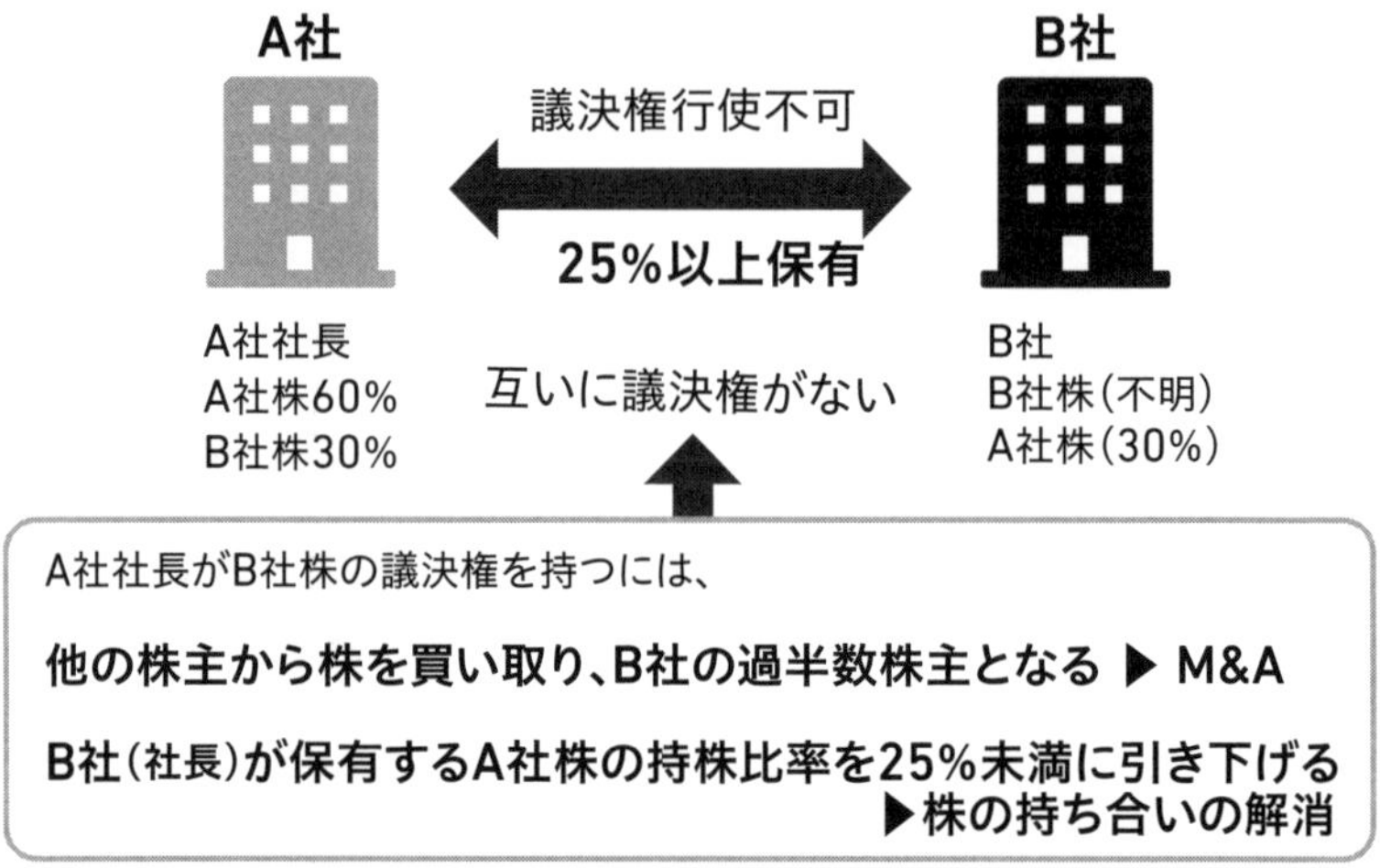

株の持ち合いで 相手の会社の議決権を失うことも……

法人同士で株を持ち合う場合に注意しなければいけないことは、**自社が議決権の25%を保有する株を持っている会社が自社の株主となっている場は、その会社が保有する株式に議決権がない**ということです。これは、相手の会社の株を保有したとしても同じです。株の持ち合いが経営の〝もたれ合い〟になっていて、それを避ける意図があります。

例えば、A社の社長がA社の株の60%保有し、B社の株の30%を保有しているとします。このとき、A社とB社がお互いの株式を30%ずつ持ち合っているとすると、A社が保有するB社の株は25%を超えているため議決権がなく、実質的にA社社長にもB社の経営権はないということになります（B社にも同じことが言えます）。

では、A社社長がB社の経営権を持つにはどうすればよいのでしょうか。ひとつはA社社長がその他の株主からB社の株を購入し、持株比率を過半数に引き上げる方法があります。

しかし、その方法以外にも、B社が保有するA社の持株比率を25%未満に引き下げることによって、A社が保有するB社株式の議決権を復活させるという方法もあります。

株の持ち合いを解消する手順

法人間の株の持ち合いに関して議決権の有無にかかわらず、持ち合いを解消するには137ページ図のような手順を踏んで進めます。

❶お互いの会社で合意をする

今日、株の持ち合いはそのマイナス面がクローズアップされています。しかし、取引関係を長期に安定化させたり、第三者からの買収を防衛したりといった一定のメリットはあります。

そのため、お互いの会社が後継者への自社株の集中、コーポレートガバナンスなどさまざまな事情を考えたうえで持ち合いを解消したほうがよいと考えるのであれば、その合意をすることが前提になります。

❷第三者に自社が保有する相手の会社の株を売却する

相手の会社も非上場であれば、株の持ち合いを実施していたときに合意していた評価額（譲渡価額）にもとづいて譲渡します。

持ち合いとなっている株は譲渡制限付きとなっているケースが多いでしょう。その場合は、127ページで述べた譲渡承認請求を踏まえて進めることが大切です。

なお、実際には相手の会社の株を第三者に買い取ってもらうより、双方の会社が次の❸の方法をとるケースが多いものです。つまり、双方の会社が自分の会社が持っていた相手会社の株を買い取る**自社株買い**を行うわけです。

❸相手会社が持っていた自社株を買い取る

相手の会社が持っていた自社株を買い取って自社で保有することで持ち合いを解消する方法です。この場合は、**株主総会における特別決議による承認が求められます**。あらかじめ株主総会を招集して合意を得ておくとよいでしょう。

この場合の課税関係は自社株の売買になりますので、相手の会社に譲渡益が出た場合、それ

株の持ち合いを解消する手順

❶お互いの会社で合意をする

↓

・持ち合いの解消は一方的にできることではないので、合意を得ておくことが大事

❷第三者に自社が保有する相手の会社の株を売却する

↓

・相手の株の譲渡承認請求などの手続きを踏まえて進める
・実際には双方の会社が下記❸の自社株買いを行うケースが多い

❸相手の会社が持っていた自社株を買い取る

↓

・株主総会の特別決議が必要
・事前に持ち合いの解消について株主総会を開いておく

は配当所得となり、持株比率によって100％非課税から20％非課税まで税金がかなり安くなります。

一方、自社で株を買い取るのではなく、社長が買い取るケースもあるでしょう。課税関係では、社長が買い取る場合、普通の株式の売買になります。相手の会社で譲渡益が発生した場合、譲渡益のすべてが課税対象になります。

株の持ち合いの解消ですから、相手の会社も解消する手順は同じで、そのときも同様の課税関係になります。自社が持っていた相手の会社の株を相手の会社が買い取る場合、配当所得が出れば非課税の枠を活用できます。

12 散逸しかねない自社株の整理＆買取り法

自社株を分散し、現社長が持っていた株の持株比率を一定まで引き下げ、相続税負担を少しでも解消するとともに、現社長の老後資金に備える……この方法は自社株の重要な対策と言えます。一方で後継者の経営や企業防衛の観点に立つと、自社株を後継者に集中させ、意思決定のスピードを早めることも欠かせません。

企業が永続するための自社株対策は、「分散と集中」のバランスを保つことと言えるでしょう。ただし、株の分散は自社株対策のひとつだと言っても、〝散逸〟してしまうようでは困ります。何度もお伝えしてきましたが、今日、特に業歴の長い企業では、株主の相続が続くことなどを理由として、どこの、誰が、どの程度の自社株を持っているのか判然としないケースも

自社株の整理・集中の方法の基本的な考え方

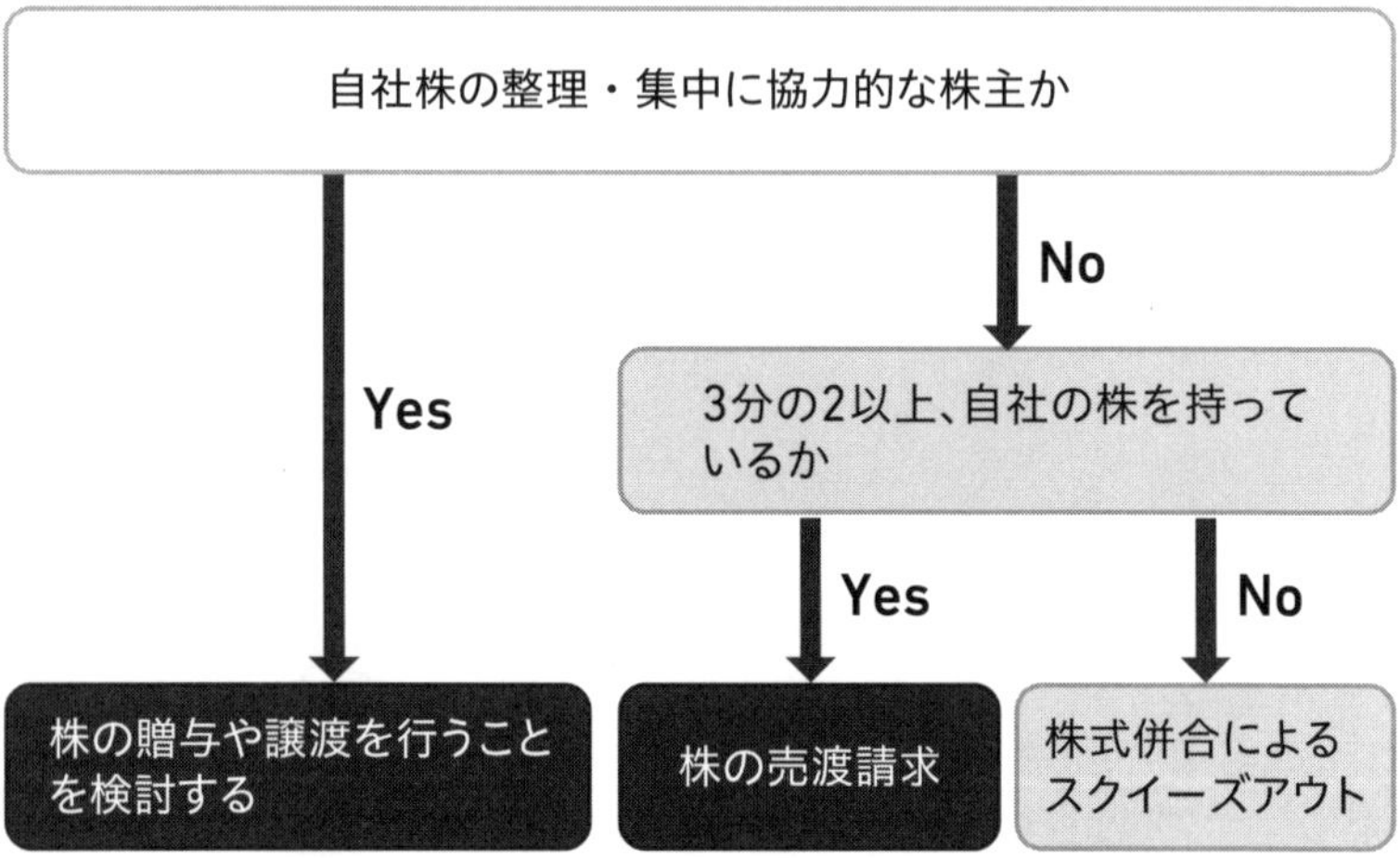
自社株の整理・集中に協力的な株主か
Yes
No
3分の2以上、自社の株を持っているか
Yes
No
株の贈与や譲渡を行うことを検討する
株の売渡請求
株式併合によるスクイーズアウト

あります。いわゆる所在不明株という状況です。

では、そのように散逸しかねない自社株を整理するにはどのような方法があるか。基本である自社株買いをはじめ、いくつかの方法を見ていきましょう（上図参照）。

まず、買い取る。次に売渡請求

自社株を集中させる最も簡便な方法は他の株主から自社株を買い取ることです。その株主が株の買取り価額に同意し、買い取る資金も用意できれば最もシンプルな方法と言えます。自社株の名義を変更する場合も、買い取って名義を変更するということでは同じ対応です。誰が持つ株を買い取るかについては株主名簿から丹念にたどる必要はありますが、実質的には疎遠になった株主などの株となるでしょう。

買取りとともに、前述した**定款に基づく売渡請求**も自社株を集中させる重要な方法です。通常の自社株の取得の場合は株主総会の特別決議が必要で、特定の株主から取得する決議を行う場合は、他の株主は自分を売主に追加するよう会社に請求できます。ところが、会社が社長の相続人である株主に対して売渡請求を行う場合は、他の株主は自分を売主に追加するよう請求できないことになっています。

このような差があるため、少数株主への株の売渡請求も現社長がみずから対策を理解できる元気なうちに対応しておく必要があります。

株主併合でスクイーズアウトを実施

すでに現社長が3分の2以上の議決権のある株を持っている場合、また、スクイーズアウトに賛同してくれる株主の持株と合わせると3分の2以上の賛同が得られる場合、**株主併合を活用したスクイーズアウトも検討に値します。**まず株主総会を開いて株式併合を行い、そのうえで、1株未満の株について裁判所に売却許可の申立てをして強制的に買い取るのです。具体的には、次のような手順で行います。

❶株主総会で株式併合の決議を行う

株式併合は、議決権の過半数を持つ株主が出席し、出席した株主の議決権数の3分の2以上の賛成で可決する特別決議で行います。

❷株主に個別に株式併合の通知を行う

通知の期限は、株式併合の効力発生日の20日前までです。通知書には「100株を1株とする。10株を1株とする」など併合の割合などもあわせて通知します。なお、連絡がとれない株主については、株主名簿にある所在地に通知すれば大丈夫です。実際に届いたかどうかが問題ではなく、通知した事実が重要なのです。

❸裁判所に売却許可の申立てを行う

株式併合で発生した1株未満の株について、裁判所に売却許可の申立てを行います。

❹裁判所の許可を受け、自社が買い取る

端株を自社が買い取ることでスクイーズアウトが行われ、端株主を締め出すことになります。

column

自社株トラブル
よくあるケース

株の問題より感情のもつれ

■感情のもつれが、最後までしこりとなる

M氏は温泉地で旅館業を経営していました。ところが、交通の便もよくないなどの理由で経営が傾き、加えて高齢であったM氏は旅館業を続けていく気概がまったくなくなっていました。

誰が後継者になるか。M氏には子がいなくて妻も他界していたので、これまでM氏の影になって経営を支えてきた妹であるN子に白羽の矢が立ちました。N子は了承し、いわゆる女将として経営を守り立てていました。私はM氏の親族ではなく、独り身で旅館の番頭的な仕事をしていますが、経営そのものには関わってきませんでした。

ところが数年後、N子が急逝してしまいます。N子が持っていた旅館の株は、N子の息子S男が相続することになりました。

S男はこれまで旅館経営に関心がなく、地方都市でサラリーマン生活を送っていました。

そこでN子の実質上の後継者は、S男が持つ株の買取りの話を持ちかけてみました。その後継者は旅館業経営の経験がある社外の人を雇ってきてもらったのです。

■裁判は避けたい気持ちが、トラブルを長引かせることに……

S男との交渉を始めると、S男の態度が豹変、法外な買取り額を要求してきました。

本来であれば、折り合いがつかなければ裁判所に決定してもらうべきです。しかし、地方の温泉旅館にとって、自社株の争族になっていることなどオモテに出せる話ではなく、できれば穏便に終わらせたいものです。私はその思いが災いしたのだと、今となっては思います。

S男は自分の母親が亡くなったのも旅館業で無理していたからだなどと、高い買取り額の理由をまくし立ててきました。

交渉は暗礁に乗り上げ、結局、お互いの折り合いがつく金額は見出せず、買取り交渉は3年が経過しています。結局、S男の言う買取り額を飲まざるを得ない状況です。

N子が亡くなったあと、来てもらっていた雇われ後継者もS男の言い分には納得できない面があり、結局、退職金をもらってこの旅館の経営を辞任することを考えているようです。

風情のある温泉地で、昨今は新型コロナ対応で大変ですが、お客さまも少ないながらもコンスタントに入っています。しかし、その内実はまさに〝争族〟のるつぼ。番頭の私としても、見るに絶えない状況が続いています。

すでに創業者のM氏は亡くなり、「決着するのに、あと何年かかるのだろう」と思うと、この旅館で老後を迎えたいと思っていた私としても、つらくなるばかりです。

自社株のトラブルと言うと、株の譲渡や売却などの法的なこと、財産評価の算定法など税務的なことがよく見聞きされます。

ところが、その中身を見てみると、そのようなむずかしい話ではなく、単純な感情のもつれが尾を引いているケースが結構あります。

その対処としては早い段階（このケースではM氏が頑張っていた時期）で専門家に相談し、今後の旅館経営についてアドバイスを受けるしか方法がなかったのかもしれません。

第4章

後継者の経営権を守る事業承継対策のポイント

1

経営権の承継は税金対策より重要

事業承継対策で重要なのは、**節税とともに経営権を承継するにふさわしい人に事業を継いでもらうこと**。相続税や贈与税などの税金は、適任者に事業承継するためのコストと考えるべきです。

経営権を維持する自社株対策

経営権の承継を正しく行わないと、後継者が社長を解任されたり、別の誰かが経営の実権を握って会社が乗っ取られたりと、さまざまなトラブルが発生しかねません。そうした事態を回避するには、まず、議決権のある自社株を次の手順でシフトしていくとよいでしょう（次ページ図参照）。

❶議決権のある株の過半数を後継者が持つようにする

よく知られていることですが、議決権のある株を過半数持っていれば、株主総会の普通決議は事実上、後継者が単独で対応できるようになります。取締役を選んだり解任したりすることも、定款に特段の定めがない限り、後継者の一存で対応できます。ですから、事業承継にあたっては過半数株を持つことができるように株を移動させていきます。

後継者は、過半数の株を保有できるような資金手当てに早い段階から取り組んでいくことが大事です。

❷後継者が議決権のある株を3分の2以上持つようにする

後継者の持つ、議決権のある株が半数以上3分の2未満であれば、3分の2になるまで、他の株主から買い取るようにします。

単純に他の株主から自社株を買い取ることがむずかしいケースもあるでしょう。その場合は社長と後継者にとって親しい株主とのよい関係を保っておきましょう。自社株について言えば、特別決議が必要な経営権の行使について味方になってくれる株主との関係を保ち、常に議

経営権を維持する自社株対策の基本

議決権のある株の過半数を後継者に！ → **株主総会の普通決議で反対を阻止**

●普通決議で決められること

・自社株の取得
・役員の選任と解任
・計算書類の承認
・資本金の額の増加
・剰余金の処分
・剰余金の配当
・株主総会の議事運営に関する事項の決定
など

議決権のある株の3分の2以上を後継者に！ → **株主総会の特別決議で反対を阻止**

●特別決議で決められること

・譲渡制限株式の買取り
・特定の株主から自社株の取得
・全部取得条項付種類株式の取得
・募集株式等の募集事項の決定
・募集株式の第三者割当の有利発行
・新株予約権付社債の発行
・資本金の減少
・現物配当
・事業譲渡の承認
・定款の変更
・解散
・吸収合併等
・新設合併等

決権の3分の2以上の株主を味方につけられるようにしておくのです。

後継者より、現社長の対応が重要

前述のほかに、次のような対応も欠かせません。

❶後継者にとって好ましくない株主を事前に調べておく

中小企業において、自社を乗っ取ってやろうと考えるような敵対的な株主はほとんどいないかもしれません。

ところが先代の頃からの付き合いで高齢になった株主に相続があって、人間関係が疎遠になり、今はどのような人物かよくわからなくなっている株主もいるかもしれません。そのような将来、株を買い取る必要が出てきそうな株主であれば、事前にピックアップし、株の買取りを進めておく必要もあります。

特に先代が元気でも経営の一線を完全に離れているような場合は、後継者がいきなり買取り交渉を始めると、それがトラブルのもとになるケースもあります。株主から見れば、見知らぬ後継者からの連絡で、「あいつは何者だ！」と第一線を退いた先代に連絡を入れるようなこともあるでしょう。そのような事態を避けるためにも、先代が元気なうちは、先代に買取り交渉を担当してもらうのもひとつの手です。

❷持ち合いをしている株は整理しておく

133ページで述べたように株の持ち合いをしている関係にある会社の場合、25％以上の株の持ち合いだと互いに議決権がなくなります。そのような状態を想定すると、株の持ち合いは持ち合いの相手に経営権を委ねるなど特段の意図がない限り、順次、解消していくことが好ましいと言えます。

後継者としては、自分の持株に議決権があるか、持ち合いの解消によって自分が経営権を掌握して事業運営ができるかを、きちんと確認しておくことも欠かせません。

2 後継者の解任防止のためにも定款の見直しは重要

中小企業の自社株にまつわる最大のリスクは、株主の対応によって社長が解任させられる可能性があることでしょう。その事態を防ぐことができるのも「定款」です。

社長の解任は取締役会の決議と株主総会の普通決議が必要で、それを特別決議事項にもできますが、前述したように定款を見直せば、すべての自社株に関するリスクを未然にかつ完璧に防げるわけではありません。しかし、スムーズな事業承継のために、特に後継者の経営権を守るため、また企業防衛・企業永続の観点からも積極的に見直していくことをおすすめします。

〝ほったらかし定款〟で後継社長の解任劇が起こる

中小企業では自社株の多くを社長が所有するオーナー企業・オーナー経営が一般的ですが、社長が議決権の過半数の株を所有していないケースもあります。また、前述のように株主の相続が続くことや親族関係、株主同士の人間関係が疎遠になっていくなかで、誰が自社の株主なのか、その存在すらはっきりとつかみきれない状況も生まれています。

このような事態に陥るなかで後継者が経営の舵取りを行い、業績が悪化したりすると、一定数の少数株主が協力することで過半数株主となり、自分たちに有利な取締役を選任することがあります。なかには、まだ後継者の実績が出ていない早い段階で、「このままではダメだ」と反旗を翻す株主もいます。

そうした取締役が集まる取締役会によって社長の代表権（代表して経営を行う権利）が奪われてしまうと、後継社長は代表取締役ではなくなり、社長であることからも引きずり下ろされてしまう事態が生じます。これが株主による後継社長解任の典型例です。

この事態を防ぐには、少なくとも定款によって**株主総会での取締役の選任や取締役会での代表取締役の選任の要件を厳格化しておけばよい**のですが、それができていないために社長の解任劇に発展してしまうのです。

取締役の人数制限や任期を厳格にする

このような状態を未然に防ぐために、まず、積極的に定款の見直しを進めましょう。具体的には取締役の人数に上限を設けておいたり、任期を短く設定しておいたりするのです。

では、これらの定款変更が実現する効果を考えてみましょう。

❶取締役の人数に上限を設ける場合

取締役の人数に上限がなければ、他の株主が自分たちに有利な人を取締役に選び、増やすことができてしまいます。そうした取締役が取締役会の過半数になれば、社長は代表権を行使できにくくなってしまいます。この事態を想定して取締役の人数を「○人まで」と上限を設けておけば、代表権を侵害されにくくなるわけです。

❷取締役の任期を短く設定する場合

また、取締役の任期を必要以上に長く設定しないことも有効です。原則、取締役の任期は2年で、2年ごとに改選しています。ところが、特に業歴の長い中小企業では、2年を超え法律でも認められている10年まで任期を長く設定しているケースもあります。また、中小企業によっては任期や改選といったことが事実上は有名無実化し、5年、10年と取締役を当然のように続けているケースもあります。

そのような長い任期の取締役を任期途中で解任すべき事由が発生し、実際に解任しようとすると、その取締役から任期満了までの役員報酬を請求されるおそれがあります。任期10年で報酬が年2000万円の取締役が1年目に社長に対して問題発言を繰り返して解任となったとき、9年分、1億8000万円の役員報酬の残り分を請求してくる可能性があるということです。

任期を短く2年で設定する背景には、トラブルに発展したときの損害賠償請求という資金流出リスクを抑える意味合いもあるのです。

取締役の解任は特別決議の対象にする

通常、取締役は株主総会の普通決議で解任できます。そのため、株の過半数を社長以外の人が所有している場合、これらの株主が協力しあって社長の取締役としての地位を解任すれば、

取締役の解任に関する定款の変更例

取締役の解任要件を厳格化するには？　➡

定款に次のような規定を設ける

> 第○条（取締役の解任）
>
> 取締役の解任は、株主総会において議決権を行使できる株主の議決権の過半数を有する株主が出席し、出席した株主の3分の2以上の決議をもって行う。

定款の変更といっても「書き換え」ではなく、新旧の定款を照合できるよう株主総会の議事録を添付する

結果的に社長が解任されてしまうことも起こり得ます。

このような不安をなくす手立てとして、取締役の解任を株主総会の特別決議の対象にするケースがあります（上図参照）。すると、取締役を解任するには3分の2以上の株主が賛成する必要があり、事実上、社長は解任されにくくなります。

ただし、このような対策をとると、他の取締役も解任しにくくなってしまいます。企業防衛上は〝痛し痒し〟であることに留意すべきです。

3

後継者に自社株を移動するベストなタイミングは？

事業承継においては経営権の承継を重視し、承継にまつわる相続税や贈与税の負担をコストと考えることは重要ですが、では、いつ自社株を後継者に移動しておくのがよいのでしょうか。結論から言えば、「早いうちに」です。自社株の承継のタイミングは現社長が元気なうちに、後継者を決めて、早いうちに自社株を移動しておくのがよいのです。

相続時の株の移転は、遺留分侵害請求に注意

自社株の承継のタイミングとしては相続時か生前かに分かれます。手法としては社長の相続

４つの視点で考える事業承継のタイミング

自社と業界には
成長性があるか？
後継者は誰か、
その後継者自身に
自覚はあるか？
社長自身が
決める
株価と株の移動
方法については
最適か？
社長自身と家族・
相続人となる人の
人生にとって得な
選択か？

時については自社株を自社で買い取り、後継者に譲渡することを含めて、相続の発生以後に移転するほかありません。ところが、生前であれば贈与するか譲渡するかに分かれます。

社長の相続時について親族内承継を想定すると、相続人である後継者に自社株を集中するのですから不平等な財産の分割になることは避けられません。後継者はその不平等を正当なものとして受けとめるだけの責任や義務もともないますが、不平等な金額に関するトラブルに発展する可能性はどうしてもつきまとうものです。

相続時に自社株を後継者に移動する場合、有効な遺言がなければ法定相続となり、簡単には後継者へ自社株を集中させることができません。有効な遺言は後継者へ自社株を集中させるため必須の対応です。ただし、**遺言が有効であったとしても遺留分の権利を持つ相続人からの遺留分侵害請求は起こり得ます**。また、相続時の自社株移転の場合、株の評価は相続の時点で行われますから、想定していた評価額より高いと、思わぬ相続税の負担になるケースもあります。

なお、生前に贈与して3年が経過すれば相続財産としてカウントされることもありませんし、10年が経過していれば遺留分の算定にあたってもカウントされることは原則ありません。この点も相続時に後継者に株を移転すると決めた社長は押さえておくべきです。

生前に自社株を移す場合は、評価の低いタイミングで！

生前に自社株を後継者に贈与する場合は、自社株の評価が低いタイミングで贈与できれば、贈与税の負担は軽減できるでしょう。しかし、自社株の評価が低いタイミングを見計らうのも、むずかしいものです。また、顧問税理士や非上場株の評価算定の専門家などに査定・鑑定してもらうコストもかかります。

結局、言い得ることは、生前に譲渡する場合は、**自社株の評価が低いタイミングで後継者個**

人か、そのとき後継者が支配権を持つ会社（自社とは限らない）に自社株を売却するということです。譲渡すれば社長としては譲渡益が入り、前述のように課税はされます。しかし、そのお金を退職金の代わりとするケースもあるでしょう。

社長が存命のうちに、みずから決断する

自社株を後継者に移動するタイミングはいくつかあり、それぞれのケースで税負担や起こり得るトラブルなども変わってきます。基本的には、自社と業界の成長、後継者の存在の有無、株価と株の移動法、社長自身と家族・相続人となる人の人生などを斟酌《しんしゃく》しつつ決めていきます。

社長自身と家族・相続人となる人の人生のことを考えれば、社長に複数の子どもがいる場合、誰を後継者とするかについて迷うケースもあるはずです。そもそも、親の財産の分割について子どもが話し合って決めるというのも、困難なものです。

そこで、自社株の移動については、**後継者を誰にするか、どう自社株を後継者に集中させるか、いつ実施するかなどを社長自身が決め、実行することが大事**です。「私の相続時に自社株を移転させる」と決めたら、その内容を遺言書にまとめることが大事になってきます。

4

遺言で後継者に経営権を付与する

相続時に自社株を後継者に集中させる場合、遺言書は必須です。ただし、まず遺言書として適正なものかどうかで相続人の間で争いになるケースがあります。争いを避けるには、少なくとも公正証書遺言として残すほうがよいでしょう。

遺言にする場合は、不公平感をなくす配慮が大事

公正証書遺言は、遺言者の意図を正確に汲み取りつつ公証役場で作成し、立会人もいますから、遺言書としても適正であり、争いはまず生じません。文面としては、次ページ図のような

自社株を後継者に集中させる遺言書の文面

遺言書

「遺言者は、遺言者の有する○○株式会社（本店所在地）の株式を、株数で、遺言者の長男××××（生年月日）に4分の3、遺言者の二男××××に4分の1の割合をもって相続させる。端数は、前記長男××××に相続させる」

1人に集中させる場合

「遺言者は、遺言者の有する○○株式会社（本店所在地）の株式を、遺言者の長女××××（生年月日）に相続させる」

表現になります。

留意点としては、**相続人の遺留分に配慮すること**です。遺留分の権利がある相続人は、法定相続分の2分の1を限度として、自分に分割された財産が遺留分に満たない場合、それを遺留分侵害額として請求する権利があり、請求された相続人は対応する義務があります。ここでトラブルになることも想定できるので、**自社株以外の財産をできるだけ後継者以外の相続人が得られるよう遺言するなどの配慮も重要**です。

また、前述のように相続の前10年のうちに自社株の贈与があった場合は遺留分の対象に含まれるので、その額を見込んで財産の分割方法を決め、遺言として残すことも大事です。

5

持株会社を活用して経営の効率化とリスク対策を図る

後継者に経営・事業を継がせる場合、自社株を後継者に集中できれば、それが一番です。本書でもその手法を前提に、株価の算定の仕方や譲渡する際の留意点をまとめています。

しかし、資金的な面を捉えると、後継者に自社株の買取りに要する資金的な余裕がなかったり、税負担が重かったりするケースも多いものです。

銀行から株の移動に要する資金を借入れるといっても、そう簡単ではありません。また、今後の臨機応変な経営のあり方、今後の事業の発展などを考えた場合、自社株を後継者に集中する手法だけでよいのかという疑問も残ります。そのようなことを想定すれば、前述のような持株会社の活用やグループ会社化を検討してみるのもひとつの手です。

持株会社に株式移転すれば、会社情報の流出も防げる

社長や後継者の悩みのひとつに、「半数を超えた自社株は持つように対策を打っているが、3分の2となると、言うほど簡単ではない」といったものがあります。

後継者にしても、「3分の2を超える株を持っていなければ新しい事業に取り組むなど簡単には決められず、他の株主の協力も欠かせないので効率が悪い」といった悩みがあります。3分の2を超える株を持っていなければ、経営上重要なことを自分で決められないのです。

それに対して、持株会社を活用し、持株会社に株式移転すれば、他の株主から株を買い取らなくてもこの悩みを解消できます。

その典型的な手法は、まず、新たに持株会社を設立し、その会社に現在の会社の株のうち社長や後継者が持っている株をすべて移動し（株式移転）、現在の会社はその持株会社の子会社になることです（次ページ図参照）。すべて移動できれば、完全子会社、100％子会社となります。

持株会社の株の保有割合は今の状態と変わりません。そのため、他の株主が持株会社の決議に異議を唱えたり経営に口を挟んだりすることは、これまでと変わらず起こり得ます。ただ

持株会社を活用した事業承継のメリット

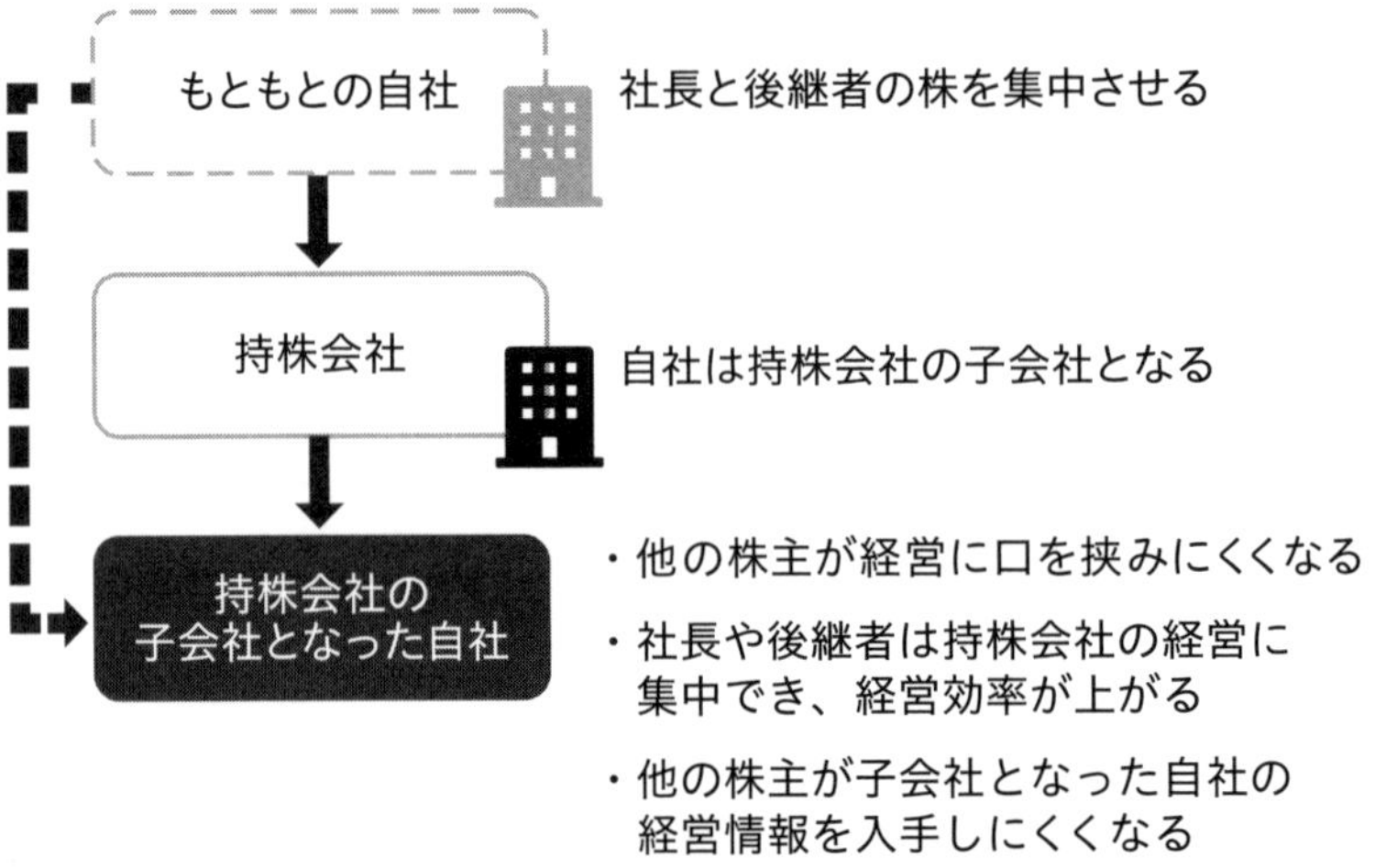
もともとの自社
社長と後継者の株を集中させる
持株会社
自社は持株会社の子会社となる
持株会社の子会社となった自社
・他の株主が経営に口を挟みにくくなる
・社長や後継者は持株会社の経営に集中でき、経営効率が上がる
・他の株主が子会社となった自社の経営情報を入手しにくくなる

し、子会社の株はすべて社長や後継者が持っていたものを持株会社に移転したわけですから、子会社の株主は持株会社だけであり、その経営には実質的に口を挟みにくくなります。取締役の選任も社長もしくは後継者だけで行うことができるのです。

実質的に社長や後継者にとっては意思決定を自分だけで行えるようになり、経営効率のアップにつながります。

なお、この持株会社の活用では、**他の株主は子会社の経営情報について裁判所の許可を得ないと閲覧入手できなくなります**。それだけ情報流出リスクを防ぐことにもなるのです。

6 グループ経営の事業承継で統括会社を新設する

持株会社による経営と似て非なる仕組みにグループ経営を行う中小企業があります。本業が製造業である場合は製造をグループの本社が担い、新規事業、地域ごとの販売会社、またオーナー社長家の資産管理をグループ会社で行うようなイメージです。もちろん、もともとの本業はそのままに関連の新規事業を別会社にしたり、本業は販売を担い、製造部門を別会社で行ったりするケースもあります。上場企業でなければ株の持分割合や経営陣の出向などの制約もほとんどなく、その企業が「グループ一体となって経営を行っています」と言えば、その一体に属する企業が事実上グループ経営となっているわけです。

グループ経営の思わぬリスク

これを株式の観点から見ると、それぞれのグループ会社の株をグループ本社の社長が一手に握っているとは限らず、それぞれのグループ会社の社長を親族が担い、全体として一族が経営していることが多いようです。

こうしたグループ経営には、事業承継において次のようなリスクがあります。

❶グループ本社の社長が他界し、代替わりとなったときに統率が利きにくい

グループ経営はその本社の社長が他界したり、引退して後継者に代替わりしたとき、グループの吸引力が薄れ、後継者のカリスマ性が足りなかったりして、グループ全体の統率が利きにくくなるケースがあります。

❷会社が行う株式実務としても手間がかかる

会社では自社株に関して株主名簿の管理のほか株主総会の招集や議決に関する手続き、定款の変更があった場合の手続き、株価評価の確認など各種の株式実務があります。中小企業では総務や経理の担当役員が部下に指示を出しつつ行っているケースが多いようです。

グループ経営では、この株式実務をそれぞれのグループ会社で行うことになります。経営

陣、従業員としても一体となっているグループ経営でも、個別に行う必要があるのです。この点は、手間がかかり非効率であると言ってよいでしょう。

そのほかにも、グループ会社の親族に相続が発生すると、株の分散につながり、情報流出のリスクも高まります。親族間の争いや株の買取り請求が起きるリスクも想定されます。一族がまとまっているときは強いが、綻《ほころ》びが生じると脆《もろ》いケースがあるのです。

統括会社を活用すれば効率的な経営が実現できる!?

このようなグループ経営においても、持株会社のひとつの形態とも言える統括会社（ホールディングスと呼ばれる）を活用する方法があります（次ページ図参照）。**統括会社とは、主に複数の国に子会社があるとき、特定の国に〝ミニ海外本社〟とでも言うべき特定外国子会社をつくること**です。中小企業でも複数の海外拠点を持つ場合は、事業承継にも有効です。もちろん、国内に統括会社をつくるケースもあります。

その仕組みはまずグループの中心の会社が統括会社を100％子会社としてつくり、複数のグループ会社を子会社として束ね、実際に統括して業務を行うことになります。この統括会社

グループ経営の統括会社と共同株式移転

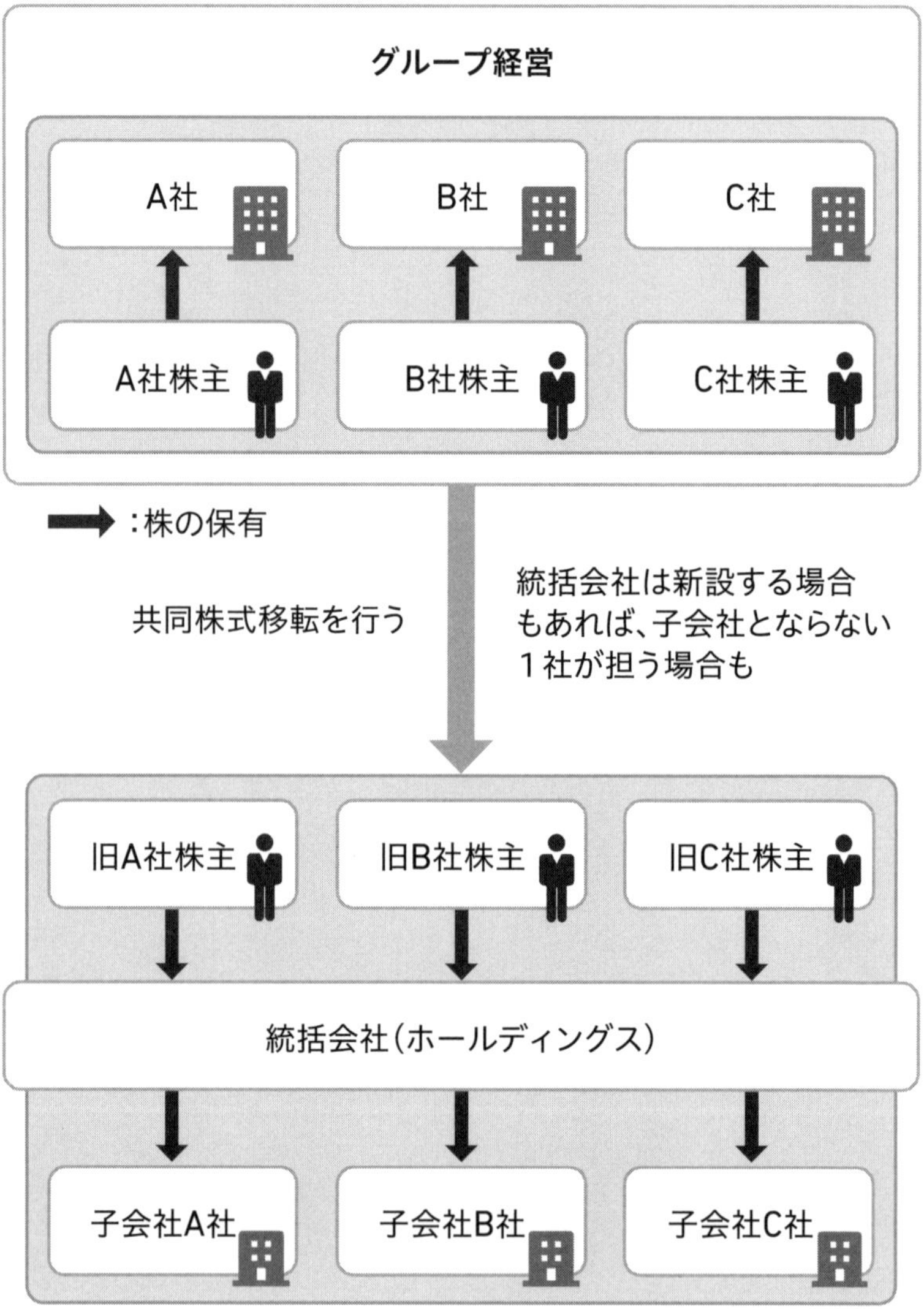

を新規に設立する際、持株会社のようにグループ各社の株を統括会社に移転します。この手法を共同株式移転と言います。後述するように、子会社化しない1社を残し、その会社の株を後継者に集中する方法もあります。統括会社の株は中小企業のグループ経営では親族が持つことになるケースが多いので、統括会社はグループ各社の株の買取りができるようにしておき、またそれが可能な（株の買取りに反対しない）役員構成にします。

なお、統括会社としてはグループ全体の経営方針・計画を策定、指示・フォローし、経営の効率化を図ります。各子会社から総務・経理業務を受託すれば、グループ全体の事務の効率化を図ることができます。

また、各社の資金調達の窓口を一本化すれば、効率的な資金管理を行うことができます。原材料等の調達窓口を一本化すれば、有利な条件での調達を図ることもできるでしょう。各子会社の不動産を統括会社に移転すれば、効率的な資産管理を行うこともできます。

子会社にならない1社がグループの中核企業に!?

統括会社の活用はグループ会社・グループ経営にも次のようなメリットをもたらします。まず、後継者に株を集中した子会社にならない1社が事実上のグループ経営の中核になれば、経営権が安定します。統括会社を通じてグループの経営方針を定め、各子会社に指示することもできるでしょう。**グループの中核会社は、統括会社の株を買い取ることができるので、後継者の持株比率の低下を防ぐこともできます。**さらに統括会社の株価が下がれば、事業承継のほか親族が保有している株の買取りに伴うコストの低減にもつながります。そのほか、各子会社の株主総会を書面決議で済ませることができたり、子会社同士の合併や分割など組織再編が行いやすくなったりするメリットもあります。

なお、統括会社としては、各子会社から配当というかたちで、非課税で資金を得ることができるので、効率的な資金管理も可能です。

7 信託を活用して事業承継を有利に行う

最近では、事業承継に信託を活用するケースも増えてきました。その最大の利点は、**株主の議決権と株という財産権を分離できること**です。

中小企業の高齢の社長は、自分の子どもに早く事業を継いでもらいたいと思っているものです。ところがその一方で、「果たして後継者として事業を継ぐに足る資質があるだろうか」と思うのも偽らざるところでしょう。もちろん、後継者に株という財産や経営という実権をすべて渡してしまうのも寂しいという気持ちもあります。

かたや後継者となる子どもも、自分は父親とは別の事業・仕事をやりたいと思っているケースも多いものです。「後継者は自分とは別の、ふさわしい人にお願いしたい」と考えているケースもあります。

このように後継者問題の悩みは尽きませんが、こうしたケースでは信託を活用すれば、株主の議決権と株という財産権を分離して承継することができます。

信託とは委託者・受託者・受益者の三者契約

信託とは、次の三者による契約行為です。

・委託者……財産を預ける人
・受託者……財産の管理を任される人
・受益者……受託者が預かった（委託者が預けた）財産から生じた利益を得る人

この信託を株という財産に活用すれば、現社長（委託者）が株の名義を受託者に移し、受託者はその株の議決権を行使するなど運用管理し、後継者（受益者）が配当を受け取るなどの財産権を行使することになります（次ページ図参照）。

信託の活用イメージ

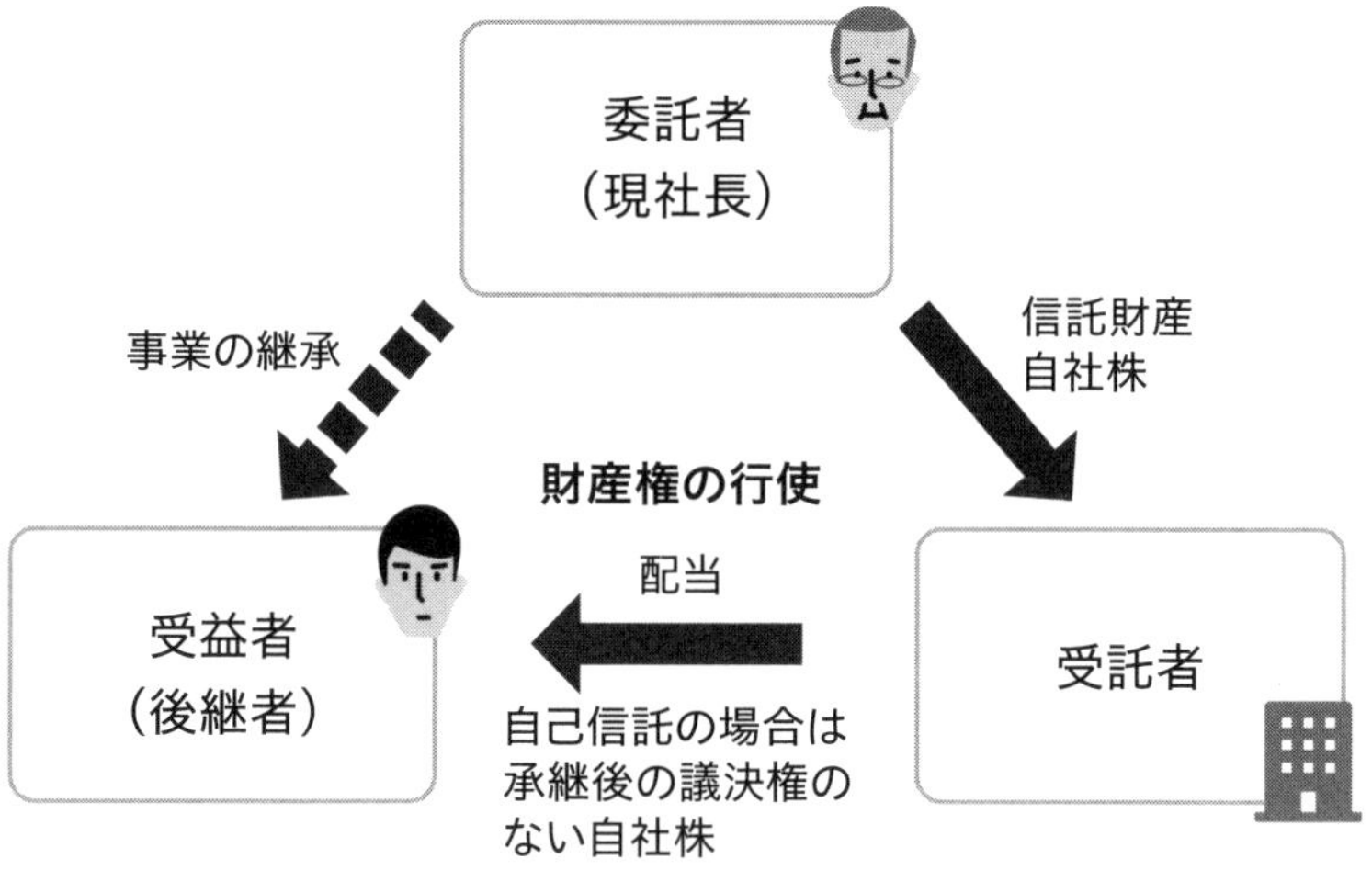

自己信託もできるようになった

一般的な信託は商事信託と言って、受託者は信託銀行などの金融機関が主でした。委託者が信託銀行にお金や財産などを預け、それを信託銀行が運用し、受益者は相続人としてふさわしい財産を受け取るという仕組みです。

この信託に関して法律が改正され、民事信託として**自己信託**という手法も使えるようになっています。自分が自分に対して行う信託という意味で、**信託宣言とも呼ばれています。**

自社株の事業承継を行う自己信託では、委託者と受託者が社長自身、受益者が後継者という仕組みです。自己信託を行えば、社長は議決権を持ったまま、株という財産権だけを後継者に移すことができます。もちろん、受益者である後継者が配当などを得た場合は贈与とみなされ、贈与税が発生します。

なお、社長が亡くなったときに信託契約は終了し、自社株の名義は後継者に移ります。ただし、その際に議決権はなくなります。課税は財産権を受益者である後継者に設定したときに行われています。そのため、自社株に関して相続税が発生することがありません。そのことも大きなメリットです。

実際の自己信託の活用では、公正証書によらなければ成立せず、また、悪質な場合には委託者の債権者が詐害行為取消権を行使せずとも、信託財産に強制執行を行うことができるなど改正信託法に細かな規定が設けられていますので、税理士や信託アドバイザーなどの専門家のアドバイスを仰ぎつつ進めるのが得策です。

column

自社株トラブル
よくあるケース

公正証書遺言なのに文句を言ってきた

■公正証書遺言に正確に記したが……

前社長のU氏は妻が2年前に他界したものの、80歳を迎えても元気いっぱいでした。しかし、このまま経営を続けるべきではないと考え、公証役場で遺言を作成してもらいました。

遺言書は公証人の前で自書するのではなく、U氏が口述し、公証人が意図をよく理解したうえで筆記・清書し、U氏に読み聞かせて確認し、公証役場が保管していました。

その3年後、U氏は亡くなり、次男が後継者として自社株のほとんどを相続し、長男はU氏の自宅などの不動産、末娘の長女は現預金を相続しました。この財産分割の内容自体は生前、U氏が話していたことと同じで、相続人である3人の子どもには納得できるはずのものでした。

ところが、遺言書が作成されたのは3年前。その3年間で、3人の子どもの境遇は様変わりしていたのです。最も変わったのは長男で、勤めていた会社が倒産し、起業したもののうまくいかず、会社の資金繰りに困っている様子でした。そのため、何を考えたのか、「この公正証書遺言は適正に作成されたものではない」と文句を言い始めたのです。

公証役場が作成した遺言に不適正なことはない。誰もがそう思います。しかし長男は、「遺言書作成当時、父は呆けが進行していて、正確に伝えることができず、また読み聞かせられた内容も安易にそうだと思い込み、記名押印したはずだ」と言いがかりをつけてきます。

そこで次男はU氏のかかりつけ医に確認しに行きました。すると、驚いたことに、確かに認知症の診断は出ていなかったものの、呆けは少し進行していたようで、物忘れもひどくなっていたとのことでした。次男も長女もU氏とは離れて暮らしていたので、その状況がわからず、何とも対処しようがない状況でした。

公証役場に不備があったなら、裁判でその事実を争えばいいのですが、3人の子どもはきょうだいで裁判沙汰なんてみっともないとも思っていました。

■U氏の残した会社に長男を入れたことがアダに

きょうだい間のいさかいはしばらく続いていましたが、やがて次男には、長男の真意は自社株がほしいのではなく、お金と仕事を求めていることがわかってきました。

それならと、後継者である次男はU氏から継いだ会社に新規事業部門をつくり、その部長になることを長男に提案しました。

これが、本当の不幸の始まりだとわかったのは、長男が新規事業部長になって1年ほどあとのことでした。

長男は自分が自社株を持っていないのにもかかわらず、次男の経営にことごとく口を挟み、自分の親しい株主に懐柔《かいじゅう》し、次男の会社を自分のものにしようとしてきたのです。

きょうだい間のトラブルになっていたとき、U氏の家を処分してお金に変えるようにすすめておけば……と次男は悩み続けているようです。社員は陰で「社長一族のトラブルに巻き込まれるなんて、まっぴらご免だ」とぼやいています。

第5章

事業承継に関係する相続税、贈与税の基礎知識

1

事業承継税制を利用すると、相続税・贈与税の納税が猶予される

事業承継を進める際には、相続税・贈与税を見据えた対策をとっていかなければなりません。特に、事業承継税制を意識した承継を行うことが大切です。

ただし、事業承継税制は適用される要件などが複雑で、中小企業が自由に自社の都合で活用するのはむずかしいものです。そこで、顧問税理士と相談しながら早い段階で取り組んでいくことが欠かせません。

その際、ぜひ押さえておきたい要点として、相続税・贈与税の納税猶予制度があります。

一定期間、事業をまっとうすれば税負担がゼロに？

事業承継において相続税や贈与税は大きな負担です。例えば相続税については次ページ上図のような税率となっています。それを事業承継のコストと捉えれば、「他界した親の会社とその株を継いだために、千万、億円レベルのコストがかかった」と嘆く後継者もいるでしょう。しかしコストならば、削減の方法も積極的に考えられるはず。後継者としては、コスト削減対策を早めにとっておくことが欠かせません。それが納税猶予制度の活用です。

事業承継における納税猶予制度そのものはかねてから設けられていましたが、２０１８年に**非上場株式等の相続税・贈与税の納税猶予及び免除の特例**が制定されました（次ページ下図参照）。これは「後継者が非上場の自社株を先代オーナーから相続したり贈与されたりした場合、一定の条件を満たせば相続税や贈与税の納付がその後継者が亡くなる日まで１００％猶予される」という措置です。

あくまで猶予ですので、税金を払わなくてよい（免税）わけではありませんが、後継者として経営を維持していく限り相続税や贈与税の負担がゼロになると考えてもよいでしょう。また、10年間の期間限定での特例措置です。一定の要件を満たせば、２０１８年から10年間に相

相続税の税率

法定相続分に応ずる取得金額	税率	控除額
1,000万円以下	10%	—
3,000万円以下	15%	50万円
5,000万円以下	20%	200万円
1億円以下	30%	700万円
2億円以下	40%	1700万円
3億円以下	45%	2700万円
6億円以下	50%	4200万円
6億円超	55%	7200万円

相続税と贈与税「納税猶予制度」の一般措置と特例措置の違い

	特例措置	一般措置
事前の計画策定	5年以内の特例承継計画の提出	不要
適用期限	10年以内の相続等・贈与	なし
対象株数	全株式	総株式数の最大3分の2まで
納税猶予割合	100%	相続等:80% 贈与:100%
承継パターン	複数株主から最大3人の後継者	複数株主から1人の後継者
雇用確保要件	弾力化(195ページ参照)	承継後5年間
事業の継続が困難な事由が生じた場合の免除	再計算した猶予税額を納付し、従前の猶予税額との差額を免除	なし(猶予税額を納付)
相続時精算課税の適用	60歳以上の贈与者から20歳以上の人への贈与	60歳以上の贈与者から20歳以上の推定相続人(直系卑属)・孫への贈与

続や贈与によって取得した非上場の自社株については、その自社株にかかる相続税や贈与税は、全額猶予されるということです。

一定の要件の代表例が**相続税や贈与税の申告期限後5年間の特例承継期間、後継者は代表者として事業を営むこと**です。極論を言えば、後継者が亡くなるまで後継社長であり続けなければならないというわけではありません。特例承継期間内に退任すれば、特例の認定が取り消され、猶予されていた相続税・贈与税を納税猶予期間に対する利子税とともに納付しなければならないということです。

2

事業承継税制の特例措置の適用を受けるための手続き

事業承継税制の特例措置の適用を受けるには、まず特例承継計画を作成します。その後、その計画を都道府県に提出します。その後の継続届出書や年次報告書の提出などの手続きを含めると、かなり複雑で手間がかかるので、顧問税理士、認定経営革新等支援機関に相談しつつ進めるのが得策です。

提出する書類の決まりごとと期限

特例承継計画の様式を１８４ページ以降に挙げました。後継者や承継時までの経営見通し、承継後5年間の事業計画等などを記載します。そして、その計画書を2023年3月31日までに、都道府県に提出します。

ただ、この特例承継計画は確認申請であり、提出すれば制度利用が認可されるという性質のものではありません。

特例承継計画の提出後、事業承継に関わる贈与や相続があった際に、経営承継円滑化法の認定申請を行います。相続の場合の申請期限は相続開始日の翌日から8カ月を経過する日であり、贈与の場合の申請期限は贈与日の翌年の1月15日までです。

経営承継円滑化法の認定申請を行ったあと、贈与税・相続税の申告を行います（贈与税の場合の申告期限は通常の申告期限と同じ）。その際には、納税猶予税額と利子税額に見合う担保（納税猶予の対象となる非上場株式など）を認定書などとともに税務署に提供します。

納税猶予が行われたら、5年間の特例承継期間に入り、5年間は年1回、継続届出書を税務署に、年次報告書を都道府県へ提出します。5年経過後は、3年ごとに1回、税務署への継続届出書の提出が必要です。

なお、身近な認定経営革新等支援機関を探す場合は、中小企業庁の「認定経営革新等支援機関一覧」のウェブページから確認するとよいでしょう。

特例承継計画の記載例と記載の留意点(1)

様式第21

施行規則第17条第2項の規定による確認申請書
（特例承継計画）

令和○年○月○日

○○県知事　殿

郵便番号　000-0000
会社所在地　○○県○○市…
会社名　△△クリーニング株式会社
電話番号　***-***-****
代表者の氏名　△△　△△
□□　□□

中小企業における経営の承継の円滑化に関する法律施行規則第17条第1項第1号の確認を受けたいので、下記のとおり申請します。

記

1　会社について

主たる事業内容	生活関連サービス業(クリーニング業)
資本金額又は出資の総額	5,000,000円
常時使用する従業員の数	8人

2　特例代表者について

特例代表者の氏名	△△　△△
代表権の有無	□有　☑無（退任日平成30年3月1日）

3　特例後継者について

特例後継者の氏名（1）	△△　△△
特例後継者の氏名（2）	□□　□□　Ⓐ
特例後継者の氏名（3）	

4　特例代表者が有する株式等を特例後継者が取得するまでの期間における経営の計画について

※中小企業庁「法人版事業承継税制（特例措置）の前提となる認定に関する申請手続関係書類（特例承継計画 記載例：サービス業）を加工

記載事項の留意点　Ⓐ 特例後継者については、特例代表者から株式を承継する予定の後継者の氏名を記載（最大3名まで）。特例後継者として氏名を記載した者でなければ、事業承継税制の特例措置の認定を受けることができない

特例承継計画の記載例と記載の留意点(2)

株式を承継する時期（予定）	令和〇年３月１日相続発生
当該時期までの経営上の課題	（株式等を特例後継者が取得した後に本申請を行う場合には、記載を省略することができます）
当該課題への対応	（株式等を特例後継者が取得した後に本申請を行う場合には、記載を省略することができます）

B

５　特例後継者が株式等を承継した後５年間の経営計画

実施時期	具体的な実施内容
１年目	郊外店において、コート・ふとん類に対するサービスを強化し、その内容を記載した看板の設置等、広告活動を行う。
２年目	新サービスであるクリーニング後、最大半年間（又は一年間）の預かりサービス開始に向けた倉庫等の手配をする。
３年目	クリーニング後、最大半年間（又は一年間）の預かりサービス開始。 （預かり期間は、競合他店舗の状況を見て判断。） 駅前店の改装工事後に向けた新サービスを検討。
４年目	駅前店の改装工事。 リニューアルオープン時に向けた新サービスの開始。
５年目	オリンピック後における市場（特に土地）の状況を踏まえながら、新事業展開（コインランドリー事業）又は新店舗展開による売り上げ向上を目指す。

C

記載事項の留意点

B 株式等を特例後継者が取得したあとに、この申請を行う場合には、「当該時期までの経営上の課題」「当該課題への対応」の欄について、記載を省略することができる

C 売上目標や利益目標を記載する必要はなく、後継者が事業を持続・発展させていくために必要なことなどについて記載する

特例承継計画の記載例と記載の留意点(3)

（別紙）

認定経営革新等支援機関による所見等

1　認定経営革新等支援機関の名称等

認定経営革新等支援機関ＩＤ番号	106･･････････
認定経営革新等支援機関の名称	××　××税理士事務所
（機関が法人の場合）代表者の氏名	××　××
住所又は所在地	○○県○○市…

2　指導・助言を行った年月日

令和○　年　5月　3日

3　認定経営革新等支援機関による指導・助言の内容

売上の７割を占める駅前店の改装工事に向け、郊外店の売上増加施策が必要。競合他店が行っている預かりサービスを行うことにより、負の差別化の解消を図るように指導。

駅前店においても、改装工事後に新サービスが導入できないか引き続き検討。
サービス内容によっては、改装工事自体の内容にも影響を与えるため、２年以内に結論を出すように助言。

D

また、改装工事に向けた資金計画について、今からメインバンクである○○銀行にも相談するようにしている。

なお、土地が高いために株価が高く、△△・□□以外の推定相続人に対する遺留分侵害の恐れもあるため「遺留分に関する民法の特例」を紹介。

記載事項の留意点　D 認定経営革新等支援機関が記載する。対象中小企業者の作成した特例承継計画について、事業承継を行う時期や準備状況、経営上の課題とその対処方針、事業承継後の事業計画の実現性などの指導や助言の内容を記載してもらう

3 相続税の納税猶予を受ける際は適用要件に注意

事業承継税制の特例措置を利用する場合、相続税の納税猶予についてはいくつかの適用要件があります。その主なものを見ていきましょう。

特例認定承継会社の要件

特例認定承継会社とは経営承継円滑化法において２０２３年３月31日までに特例承継計画を都道府県に提出した会社で、経営承継円滑化法の認定を受けた中小企業のことです。

上場会社や一定の資産管理会社、また風俗営業を行う会社（風俗営業会社）については制度の適用はありません。

先代と後継者に関する要件は？

先代経営者と後継者に関しては、次ページ図のような要件があります。また、納税猶予を継続するための、猶予開始から5年間の要件には、次のような事項があります。

- 後継者が引き続き会社の代表者であること
- 納税猶予の対象となった株などを継続して持っていること
- 5年間の平均で雇っている従業員の数が相続開始時の80％以上であること（特例措置により、80％以上を維持できない場合は理由を記載した報告書を提出する）

一定の資産管理会社、風俗営業会社とは？

中小企業でも、オーナーの資産管理のための会社を持っていることがよくあります。事業承継税制の特例措置では有価証券、賃貸用不動産、現金などの資産の保有割合が帳簿価額の総額

相続税の納税猶予（特例措置） 先代と後継者の要件

	要件
先代経営者 	・会社の代表者であった人 ・相続開始の直前に親族などの同族関係者とあわせて総議決権数の50％超の議決権があり、かつ、後継者を除いた同族関係者のなかで最も多くの議決権数の株を持っていたこと など
後　継　者 	・相続開始の翌日から５カ月を経過する日以降において会社の代表者であること ・相続開始の直前において会社の役員であること（ただし被相続人が60歳未満で死亡した場合を除く） ・相続開始時において、親族などの同族関係者とあわせて総議決権数の50％超の議決権があり、その同族関係者で特例承継計画に後継者として記載された人（複数可能）のうち、単独で総議決権数の10％以上の株を持つ上位3名までの人 ・被相続人（先代経営者）の親族でなくてもかまわない

の70％以上の会社を資産保有型会社とし、また、これらの資産の運用収入が総収入金額の75％以上の会社を資産運用型会社として、特例認定承継会社としては認めていません。

ただし、資産運用型会社の判定は事業年度の収入金額の合計で判定されますが、資産保有型会社については日々の資産内容によって判定され、判定の基準が異なります。

資産運用会社で納税猶予が認められるには、

・3年以上、事業を継続している
・固定施設を所有または貸借している
・常時雇っている従業員が5名以上いる
・みずから営業行為を行っている

といった要件があります。

一方の風俗営業会社とは、風営法2条5項に規定する性風俗関連特殊営業を営む会社のことです。バーやパチンコ、ゲームセンターなどは風営法の規制対象事業ですが、性風俗関連特殊営業ではないため特例措置の適用を受けることができます。

4 贈与税の納税猶予を利用する際の社長と後継者の要件

贈与税の特例措置の納税猶予の場合、「特例認定承継会社の要件」と「納税猶予を継続するための猶予開始から5年間の要件」については、前述した相続税の納税猶予の適用要件と同じです。ただし、贈与者（先代経営者）、受贈者（後継者）には贈与税の特例措置に特有の要件があります。

贈与の場合はタイミングに注意

贈与者である先代経営者が贈与税の納税猶予を受けるための要件は次ページ図のとおりです。

贈与税の納税猶予（特例措置）　先代と後継者の要件

	要件
先代経営者 	・会社の代表者であったこと ・贈与の直前において親族などの同族関係者とあわせて総議決権数の50％超の議決権数を持ち、かつ後継者を除いた同族関係者のなかで最も多くの議決権数を持っていたこと ・贈与時には会社の代表権を持っていないこと（ただし、有給役員として残ることは認められる） ・保有している株などのすべてを一括で贈与すること ・贈与者は親族である必要はない
後　継　者 	・贈与日以後に代表者であること ・贈与日に20歳以上であり、かつ役員に就任してから3年以上経過していること ・贈与日に親族などの同族関係者と合わせて総議決権数の50％超の議決権数を持ち、その同族関係者で特例承継計画に後継者として記載された者（複数可能）のうち、単独で総議決権数の50％以上を持つ上位3名までの人

先代経営者が贈与後も社長を続けたい場合には、贈与税の納税猶予の特例を受けることができません。

一方、受贈者である後継者にも要件があります。相続税の特例措置と要件は似ていますが、大きな違いは先代経営者が役員であってもかまわないのですが、贈与時に代表権を持っていないことです。また、後継者は3年以上の役員経験が求められます。

このような要件のもと贈与が行われた場合に贈与税の特例措置が適用されますが、先代経営者が亡くなると、その納税猶予は相続税の納税猶予に切り替わります。贈与税は免除され、贈与時の評価額で相続税が課税され、一定の要件を満たすことで、その相続税の納税猶予の適用を受けることができるのです。

5

特例納税猶予制度は税制改正によって変わる!?

事業承継税制は毎年度の税制改正によって、その内容が変更されています。ここでは特例納税猶予に関する最近の改正の動向をおさらいしておきましょう。

納税猶予の対象となる税額は「全額」に

かつて納税猶予の対象となる株式は発行済株式数の「3分の2まで」でした。これが2018年度の税制改正によって発行済株式数の「すべて」になりました。また、納税猶予の対象となる税額については、かつては「相続税が税額の8割まで、贈与税は税額の全額」でした。これも2018年度の税制改正により、相続税・贈与税とも「税額の全額」になっています。すなわち、**事業承継時の納税のための資金負担がゼロになり、後継者が亡くなったときには、猶予されていた納税も免税となった**わけです。

また、運用対象者について、従来は1人の先代経営者から1人の後継者への事業承継が要件だったのですが、複数の株主から複数の後継者（最大3名）へ、親族以外でもかまわないなど複数の事業承継のパターンが認められるようになりました。

なお、従来は納税猶予の継続要件が、「申告期限後5年間の平均で雇用を8割維持」が要件でしたが、前述した180ページ図の「弾力化」のとおり、8割を下回った場合でも、要件を満たせない理由を記載した書類を都道府県に提出すれば継続されます。これは通常の特例承認計画の報告書に「認定経営革新等支援機関の所見等」という書類を別紙として添付します。

承認5年以降の解散・事業譲渡でも納税額が減免!?

後継者が5年間の承継期間を経過したあとも経営を続ける場合、当然ながら、さまざまな経営環境の変化に見舞われることでしょう。株価が下落し、その結果、会社を解散することもあ

株価低下等の解散・譲渡等における納税（再計算や減税）の一定案件

- 過去3年間のうち、2年以上が赤字である場合
- 過去3年間のうち、2年以上会社の売上高がその年の前年の売上高と比べて減少している場合
- 直前の事業年度終了の日における有利子負債の額がその直前事業年度の売上高の6カ月分以上である場合
- 会社の事業が属する業種に係る上場会社の平均株価（直前事業年度終了の日以前1年間の平均）がその前年1年間の平均より下落している場合
- 特例後継者が会社の経営を継続しない特段の理由がある場合（解散の場合を除く）

れば、事業を譲渡したりM&Aしたりすることもあり得ます。

その際の納税は、かつては納税猶予が取り消しになり、贈与・相続時の株価をもとに算定した贈与税・相続税を納付しなければなりませんでした。ところが、今は**一定の要件に該当する場合は、納税額の再計算および減免**が可能になっています。この「一定の要件」とは、上図に挙げる事項です。

なお、贈与税・相続税に関しては相続時精算課税制度が適用されますが、かつては贈与者が60歳以上の父母または祖父母、受贈者は20歳以上の子または孫でした。この適用の範囲も前述のように親族外の贈与を含むことになっています。

6 事業承継税制を使わなくても、承継方法はある

事業承継税制の納税猶予制度において重要な要件は**社長が辞めて引退しなければならないこと**です。贈与税の納税猶予については会社の代表者ではなくなってからの贈与について適用され、相続税の納税猶予については、実質的に相続を開始してからの適用です。

一方、事業承継の実態は、「社長が引退する前に自社株を後継者に譲りたい。譲りたいけれども実質的に引退したくはない。死ぬまで現役で頑張りたい」といった思いがあります。長く経営にたずさわってきたなら、それも当然のことです。

このような場合は、無闇に納税猶予制度を活用すべきではないと言うことができます。納税猶予制度を使わなくても、対応法はあるからです。

なお、前述のように事業承継税制の納税猶予の特例措置は手続き面で手間がかかり、適用要件が複雑です。常時使用従業員は厚生年金被保険者であることのほか、株の低額譲渡は事業承継の対象外など中小企業と社長の自社株の保有状況や対象事業承継の内容によっては、後継者が期待するほど納税猶予のメリットが得られないこともあります。

このような理由で納税猶予のメリットが十分に受けられないのであれば、別の方法を考えることも大切です。

持株会社を活用し、3分の2の議決権を持たせた株を現社長が1株だけ持つ

納税猶予制度を使わなくても有利に事業承継できる策として、持株会社を利用する方法があります（次ページ図参照）。

その方法を端的に示すと、**3分の2の議決権を持たせた株を1株だけを現社長が持ち、それ以外の株で持株会社をつくり、その株を後継者が持つ**という仕組みです。3分の2の議決権を持たせた1株というのは、いわゆる種類株式ではなく、非上場会社の属人的株式と呼ばれるものです。属人的株式については後継者等に譲渡した段階で3分の2の議決権などの権利はなく

3分の2の議決権のある1株で株式会社をつくる

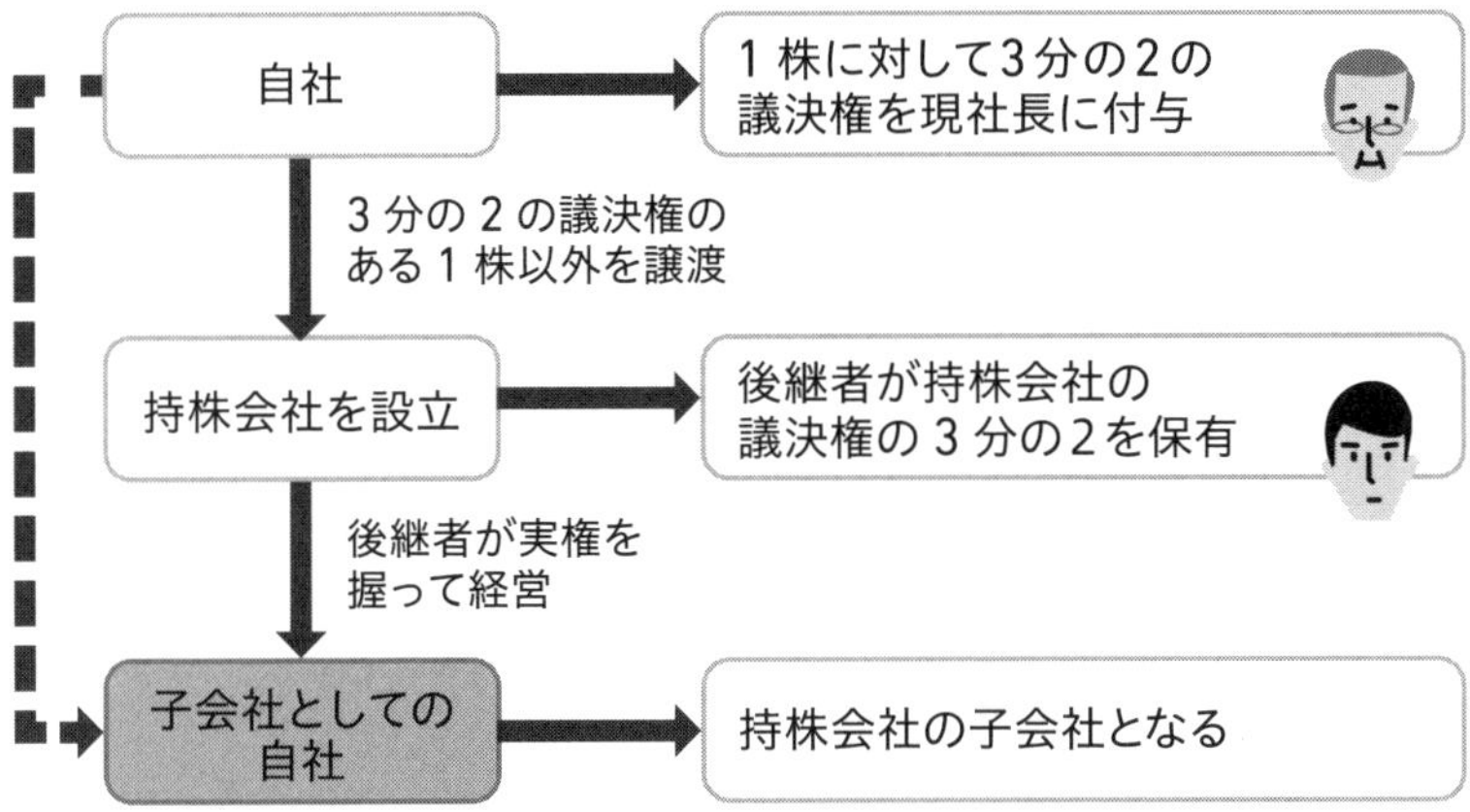

現社長は、経営権の維持と自社株の譲渡益を実現

なります。

この方法であれば、社長を辞めても、経営権を持ったままほとんどの自社株を後継者に譲り、退職金に相当するキャッシュを受け取ることができます。結局、社長が亡くなったときも、相続人が自社株から得られる財産額は少なくなるため、他の相続人から遺留分の侵害請求を受けにくい状態ができ上がります。

この手法は、まず、社長が保有する自社株のうちの1株に対して3分の2の議決権を付与し、社長が経営権を維持するかたちにします。そして、持株会社を設立し、持株会社の株については後継者が3分の2以上を保有するようにします。これで、後継者は持株会社の経営権を維持したことになります。

そして、社長が議決権のある1株以外の自社株をすべて持株会社か後継者に売却し、持株会社か後継者から株の売却代金を退職金代わりに受け取り、譲渡益から納税します。

後継者が1株以外の自社株のすべてを購入できればともかく、その資金負担も大きいので、負担部分を持株会社に売却できれば、後継者の資金負担を減らすこともできます。

手順そのものはこのような流れですが、実践する場合は持株会社の設立に関する届出や株主総会の対応、税額のシミュレーションなど専門的な知識も欠かせません。

もちろん、「社長を辞めたくない」という思いをどう具現化できるかの相談に真摯に答えられる専門家の知恵も欠かせません。そのため、経営や事業承継に詳しい税理士に協力してもらうことも重要なポイントです。

7 自社株の贈与で活用する相続時精算課税制度

自社株の承継対策を元社長から後継者に行う場合、最も簡便なのが暦年贈与で自社株を後継者に移していく方法です。年間１１０万円までは基礎控除がありますから、10年で１１００万円、20年で２２００万円。長期間にわたりますが、それだけの額の自社株が課税されずに確実に移せます。ちなみに、贈与税の暦年贈与の税率は次ページ図のようになっています。

自社株対策で相続時精算課税制度を活用すると……

相続時精算課税制度は親から子への早めの財産承継を促すことを目的に２００３年に創設さ

贈与税（暦年贈与）の税率と控除額

(1)一般贈与(特例贈与以外の贈与)

課税価格 万円	200 以下	300 以下	400 以下	600 以下	1000 以下	1500 以下	3000 以下	3000 超
税率 %	10	15	20	30	40	45	50	55
控除額 万円	—	10	25	65	125	175	250	400

(2)特例贈与(父母・祖父母から20歳以上の子・孫への贈与)

課税価格 万円	200 以下	400 以下	600 以下	1000 以下	1500 以下	3000 以下	4500 以下	4500 超
税率 %	10	15	20	30	40	45	50	55
控除額 万円	—	10	30	90	190	265	415	640

※課税価格はいずれも基礎控除後

れました。上手に活用すれば、後継者への自社株承継にも役立ちます。その概要を見ておきましょう。

まず、創設当時は「60歳以上の親や祖父母から20歳以上の子や孫が贈与を受ける場合に適用」できる制度でしたが、前述のように贈与者は親族外でもかまわないとされています。

また、贈与する財産の種類や金額、回数に制限はなく、２５００万円の特別控除枠に達するまでは贈与税はかかりません。ただし、特別控除枠を超えた部分については、一律20％の税率で贈与税がかかります。なお、税務署への事前の届出が必要で、いったん選択したら取りやめることはできません。

では、自社株における相続時精算課税制度

相続時精算課税の計算

	贈与額 1年目	贈与額 2年目	贈与額 3年目	贈与税
1年目	1000万円			特別控除額2500万円により なし
2年目		3000万円		1500万円×20%＝300万円 （特別控除額を超える額）
3年目			1000万円	1000万円×20%＝200万円
相続時	贈与財産5000万円＋相続財産×税率			納付贈与税額を精算した分が相続税

の活用を見ておきましょう。相続時精算課税制度の活用1年目で１０００万円分の自社株、２年目で３０００万円の自社株、３年目で１０００万円の自社株、合計５０００万円分の自社株の贈与を受けたときに贈与税と相続税は上図のようになります。

１年目の贈与額は特別控除枠（２５００万円）に収まり、贈与税はかかりませんが、２年目は累計で４０００万円の贈与になり、特別控除枠を超えた１５００万円に対して贈与税がかかります。３年目は贈与を受けた金額そのものに贈与税がかかることになり、以後に贈与額そのものに贈与税がかかります。

なお、相続時には「相続時精算課税を適用して贈与した財産」は「相続財産」に合算され、これまでの納付贈与税額と精算し、相続税を納めることになります。

相続時精算課税制度活用のメリット

相続時精算課税制度のメリットは、まず、年齢制限などの要件はありますが特別控除額が2500万円と大きく、これを超えても税率は一律20％ですから、**比較的多くの自社株を早期移転させることができることです**（次ページ図参照）。

また、最初の相続時精算課税の適用のあと、業績や株価が伸長している企業にとっては有利になります。相続時精算課税制度で贈与した株の価額は適用時で判断しますが、その後、業績が伸び自社株の評価額が上昇しても、相続時精算課税制度では適用時の価額のまま変わらず、上昇分の相続税が節税できることになるからです（逆の場合もあり得ることに注意）。

相続による遺産分割の争いや株式の拡散を防ぎ、自社株を現社長が自分の意思で後継者に前渡ししたい中小企業にとっては有効な制度と言えるでしょう。

なお、97ページの事業承継計画の記入例では、暦年課税を続けて後継者教育を進め、タイミングを見計らって相続時精算課税制度を使い、自社株を後継者に移すこともできます。

相続時精算課税制度の活用のメリットとデメリット

メリット	デメリット
・2500万円まで非課税で贈与ができる	・一度でも使うと、暦年贈与が使えなくなる
・贈与額の合計が2500万円を超えても課税は一律20%	・必ず贈与税の申告が必要になる
・生前に特定の相続人に多くの贈与ができるため、相続時の争いが防止できる	・小規模宅地等の特例が使えなくなる

こんな社長は事業承継で
相続時精算課税制度
を検討してみよう

・値上がりしそうな財産（自社株など）がある人

・贈与時に評価額が下がっている資産（自社株など）がある人

・家賃収入など収益を生む財産がある人

・後継者である相続人と他の相続人の間などで相続争いになる可能性がある人

8

きちんと知っておきたい遺留分侵害額請求の最新知識

遺留分侵害額請求とは、社長の相続に際して、複数の相続人がいるにもかかわらず、遺言に「後継者にすべての財産を○○に譲る」と書いてあるなど、不当な遺産分割になるときに、一定の範囲の法定相続人が自分の最低限の遺産の取り分を確保できる制度です。

その遺留分の割合は次ページ図のように決まっています。

自社株における遺留分は？

遺留分については「遺留分減殺請求」から「遺留分侵害額請求」へと基本的な考え方が変

遺留分の割合

相続人	遺留分合計	配偶者の遺留分	子どもの遺留分	親の遺留分
配偶者のみ	2分の1	2分の1	—	—
配偶者と子ども	2分の1	4分の1	4分の1	—
配偶者と親	2分の1	3分の1	—	6分の1
配偶者ときょうだい	2分の1	2分の1		
子どものみ	2分の1	—	2分の1	—
親のみ	3分の1	—	—	3分の1

※兄弟姉妹に遺留分はない

わっています。

かつては、遺留分については、それぞれの相続財産について遺留分が発生することを前提としていました。例えば遺留分が4分の1であれば、相続財産の自社株にも不動産にも現預金にも貴金属にもそれぞれ4分の1の遺留分があることを前提として「遺留分減殺請求」としていたのです。

その遺留分をお金に換算して遺留分の権利がある人に支払うということは法的には認められていませんでした。そのため、実務上は遺留分減殺請求への対応が相当に手間であり、困難だったのです。

ところが**民法が改正され、遺留分を金銭債権化してもよいこととなりました。**さまざまな相続財産にかかる遺留分をお金に換算し、いっぺんに支払えない場合は債権として支払ってもよいこととなりました。そのため、「遺留分侵害額請求」という呼び方になったのです。

自社株に関して遺留分がどれだけか、この判定は従来どおりです。ただし、それを金銭債権化してよいので、遺留分が1000万円であれば、その1000万円を遺留分侵害額請求する相続人に支払えばよいことになります。

遺留分に関しては「民法特例」がある

なお、後継者は先代社長が生前、遺留分の権利を持つ人全員との協議により、事業承継の対象となる事業用の財産や自社株を「遺留分の計算」から除く合意を得ることができます。ただし、この協議には経済産業大臣の「確認」と家庭裁判所の許可が必要です。この手続きを踏めば、後継者が引き継いだ事業用の財産や自社株について遺族が遺留分を主張することはなくなります。

この合意に関しては経営承継円滑法において創設された「民法特例」という制度がありま す。これは事業承継における課税上の制約を解決するための制度で、その内容は除外合意と固定合意に区分されます。

除外合意とは、生前に贈与された自社株の価額を遺留分算定基礎財産に算入しない制度です。一方の**固定合意とは、遺留分算定基礎財産には算入するものの、その価額を贈与時の評価額に固定する制度**です。なお、これらの合意をしたうえで、あわせて付随合意（除外合意や固定合意を相続人全員で合意すること）をすることもできます。

この制度を活用すれば、生前に贈与された株が遺留分減殺請求の対象となることを回避したり、贈与を受けた後の後継者の貢献部分を遺留分算定基礎財産から除外することができます。もちろん、その特例にかかる金利や期間を考慮したうえで活用することも必要ですので、専門家のアドバイスを受けながら事前に十分に検討することをおすすめします。

【編集協力者】

中小企業の
事業承継を支援する
士業の会

蛸島《たこじま》　一伸《かずのぶ》

税理士・行政書士

昭和 59 年札幌国税局採用（元資産税担当国税調査官）
平成 23 年税理士登録後、平成 29 年蛸島一伸税理士・行政書士事務所を開業。
当事務所は代表の実務経験を生かし、相続業務を専門に行っております。司法書士等の各士業とも連携しておりますのでワンストップで相続業務全般をサポートしております。まずはお気軽にご相談ください。

【蛸島一伸税理士・行政書士事務所】

〒 042-0952　北海道函館市高松町 186 番地 31
TEL：0138-84-8550　FAX：0138-85-8727
E-mail：takojimajimusyo@df7.so-net.ne.jp　URL：https://www.kaikei-home.com/takojimajimusyo/

篠《しの》　ヱツ子《えつこ》　　大熊《おおくま》　禎子《ていこ》

税理士

事務所を開業し約半世紀の歳月にわたり皆様のための税務を行っております。
税理士 大熊禎子を中心に若い世代の会計人を育てながら、豊富な知識と実務経験を活かしトータルサポートをしております。初回相談は無料です。お気軽にお問い合わせください。

【篠ヱツ子税理士事務所】

〒 338-0013　埼玉県さいたま市中央区鈴谷 8 丁目 7 番地 4 号
TEL：048-854-1531　FAX：048-853-3850
E-mail：teiko@ete-tax-account.com　URL：https://www.ete-tax-account.com

---

窪木《くぼき》　康雄《やすお》

税理士

私どもの基本方針は心で仕事をすることです。
後継者へ事業を譲るということは取引先、従業員、家族、地域社会のためにとても大事なことです。その事業承継の最大の課題は自社株評価です。スムーズな事業承継をめざしています。お気軽にどうぞ。

【税理士法人ときわ】

〒 277-0005　千葉県柏市柏 6 丁目 1 番 1 号　流鉄柏ビル 6 階
TEL：04-7164-2828　FAX：04-7164-3050
E-mail：kuboki@kuboki.gr.jp　URL：http://www.kuboki.gr.jp/

女ケ沢《めがさわ》　亘《わたる》

税理士・行政書士・ファミリービジネスアドバイザー

当事務所では特に不動産オーナー及び中小同族経営（ファミリービジネス）に対する後悔のない資産承継・事業承継業務に取り組んでおります。著書に『家族円満で進める事業承継成功術』（幻冬舎）等。税務調査を意識した申告業務、生前対策など初回相談は無料です。まずはお気軽にお問合せ下さい。

【女ケ沢亘税理士行政書士事務所】

〒 130-0026　東京都墨田区両国 2-17-19　PAZ 両国 9 階
TEL：0120-596048　FAX：03-6659-3874
E-mail：info@bc-tax.jp　URL：http://bctax.go-biz.jp/

城《じょう》　行永《ゆきひさ》
税理士・行政書士・宅地建物取引士
1996年税理士登録。
円滑な事業承継・相続対策は、税務の専門知識と不動産・生命保険等の最新情報を駆使して行います。これらに豊富な実務経験を持つ税理士に相談してみませんか？ご一緒に解決方法を探しましょう。初回相談は無料です。お気軽にお問合せください。

【アイリス税理士法人】
〒141-0031　東京都品川区西五反田二丁目29番5号日幸五反田ビル5階
TEL：0120-733-184　FAX：03-5436-3740
E-mail：jo@happy.or.jp　URL：https://happy.or.jp/

井上《いのうえ》　歩《あゆむ》
税理士
井上歩税理士事務所は、お客さまから「頼れる税理士」「相談したくなる税理士」と思っていただける存在を目指しております。常にお客さまの「声」に耳を傾け、将来の目標を共有し、中小企業・個人事業主のパートナーとして、質の高いサービスを提供し、お客さまの会社をよりよく成長させることを考えております。税務顧問業務はもちろん、認定支援機関として融資業務を含め、お客さまをトータル的にサポートいたします。税理士事務所をお探しの方は、是非、お気軽にご連絡ください。

【井上歩税理士事務所】【中小企業庁経営革新等支援機関】
〒102-0074　東京都千代田区九段南3-3-2　リバーレ九段南1F
TEL：03-6261-1420　FAX：03-6261-1421
E-mail：info@ai-tax.net　URL：https://ai-tax.net/

辻本《つじもと》　聡《さとし》
代表税理士・相続診断士・FP
中小企業の永続発展を支えることを使命とし、事業承継対策・自社株対策を中心に仕事を行い、累計で350件ほどの支援経験を持つ。また、中小企業の財務体質向上やビジネスの発展を考慮した自社株対策が評価されて、中小企業団体や金融機関での講演活動も行っている。

【辻本聡税理士事務所】
〒810-0001　福岡県福岡市中央区天神1-2-1 農業共済ビル4階
TEL：092-406-8077　FAX：092-406-8079
E-mail：info.tsujimoto@snow.ocn.ne.jp　URL：https://tax-tsujimoto.com/

●さくいん

【監修者】

伊藤俊一（いとう・しゅんいち）

1978年愛知県生まれ。慶應義塾大学文学部入学。身内の相続問題に直面し、一念奮起し税理士を志す。税理士試験5科目試験合格。一橋大学大学院国際企業戦略研究科経営法務専攻修士課程修了。現在、同博士課程(専攻:租税法)在学中。都内コンサルティング会社にて某メガバンク本店案件に係る事業再生、事業承継、資本政策、相続税等のあらゆる税分野を担当。特に、事業承継・少数株主からの株式集約(中小企業の資本政策)・相続税・土地有効活用コンサルティングは勤務時代から通算すると数百件のスキーム立案実行を経験、同業士業からの相談件数は40,000件(令和3年4月1日現在）を超える。著書に『Q&A 所得税法・消費税法における みなし譲渡のすべて』『Q&A みなし配当のすべて』『Q&A 課税実務における有利・不利判定』『Q&A「税理士(FP)」「弁護士」「企業 CFO」単独で完結できる中小・零細企業のための M&A 実践活用スキーム』『Q&A 中小・零細企業のための事業承継戦略と実践的活用スキーム』『Q&A 非上場株式の評価と戦略的活用スキーム』『「みなし贈与」のすべて』『Q&A 配当還元方式適用場面のすべて』など（以上、ロギカ書房)。ほか月刊誌・新聞等の記事、セミナー多数。

【編集協力者】

中小企業の事業承継を支援する士業の会

事業承継の専門家として、自社株対策をはじめ中小企業の事業承継に関するサポートを行っている士業の会です。事業を永続させるため、お客様が抱えている問題を一緒になって解決していきます。

【著者】

エッサム

昭和38年(1963年)の創業以来、一貫して会計事務所及び企業の合理化の手段を提供する事業展開を続けております。社是である「信頼」を目に見える形の商品・サービスにし、お客様の業務向上に役立てていただくことで、社会の繁栄に貢献します。

構成：菱田編集企画事務所
本文ＤＴＰ：イノウエプラス

事業承継《じぎょうしょうけい》・相続《そうぞく》で困《こま》らない
自社株対策超入門《じしゃかぶたいさくちょうにゅうもん》

〈検印省略〉

2021年 7 月 27 日 第 1 刷発行

監 修 者――伊藤俊一（いとう・しゅんいち）
編集協力者――中小企業の事業承継を支援する士業の会
著 者――エッサム
発 行 者――佐藤和夫

発行所――株式会社あさ出版
〒171-0022 東京都豊島区南池袋 2-9-9 第一池袋ホワイトビル 6F
電 話 03 (3983) 3225 (販売)
03 (3983) 3227 (編集)
F A X 03 (3983) 3226
U R L http://www.asa21.com/
E-mail info@asa21.com
印刷・製本 (株) シナノ

note http://note.com/asapublishing/
facebook http://www.facebook.com/asapublishing
twitter http://twitter.com/asapublishing

ISBN978-4-86667-303-5 C2034